LA RIQUEZA DE LA DIVERSIDAD

Sally Helgesen

LA RIQUEZA
DE LA DIVERSIDAD

Cómo fomentar y gestionar espacios de trabajo más
inclusivos en las empresas y en las organizaciones

EMPRESA ACTIVA

Argentina – Chile – Colombia – España
Estados Unidos – México – Perú – Uruguay

Título original: *Rising Together*
Editor original: Hachette Go, an Imprint of Hachette Books.
Traducción: María Candela Rey

1.ª edición: agosto 2024

Plaza de los Reyes Magos, 8, piso 1.º C y D – 28007 Madrid
www.empresaactiva.com
www.edicionesurano.com

ISBN: 978-84-16997-97-8
E-ISBN: 978-84-10159-78-5
Depósito legal: M-14.891-2024

Fotocomposición: Urano World Spain, S.A.U.
Impreso por Romanyà Valls, S.A. – Verdaguer, 1 – 08786 Capellades (Barcelona)

Impreso en España – *Printed in Spain*

Para Marshall Goldsmith
Amigo, colega, fuente de inspiración y apoyo en todos los sentidos.
Nadie es mejor en el arte y la práctica de crear un ambiente laboral inclusivo.

ÍNDICE

NOTA SOBRE LOS NOMBRES

Las historias de este libro han sido recopiladas tras varias décadas trabajando con clientes de todas partes del mundo. Con tal de proteger su privacidad, he utilizado solo sus nombres de pila y he cambiado algunos detalles.

También he consultado decenas de *coaches* de liderazgo, así como autores y expertos de mi extensa red de contactos global. En estos casos he utilizado sus nombres completos.

INTRODUCCIÓN

Hace algunos años, tenía previsto presentar un programa de liderazgo para mujeres en la *Construction SuperConference* en Las Vegas, el principal evento anual de la industria de la construcción. Como ya había presentado cientos de programas como ese en conferencias de todo el mundo, la verdad es que tenía una idea preconcebida de con qué me encontraría allí. Esperaba unas cien mujeres trabajando en una industria fuertemente dominada por hombres, donde no sentían que les prestaran atención, las apreciaran o valoraran. Preveía que estarían ansiosas por saber cómo construirse una carrera profesional y forjar una red de apoyo necesaria frente al escepticismo y la indiferencia.

Mis expectativas se vinieron abajo cuando llegué al salón de conferencias del hotel y vi que, del numerosísimo público presente (tanto que había personas de pie porque no había asientos suficientes), alrededor del sesenta por ciento eran hombres. Me habían dicho, al igual que muchas otras veces, que habría hombres en el público. Pero lo más habitual era que solo se presentaran unos pocos.

Dada la gran concurrencia masculina en Las Vegas, sentí que el programa que había preparado no había sido la mejor elección, así que les pregunté a los participantes masculinos qué los había llevado a asistir a la sesión. Todo un bosque de manos se levantó. «Hoy en día, la mayoría del mejor talento está formado por mujeres», explicó un fornido gestor de proyectos. «Pero nos cuesta contratarlas. Y las que contratamos suelen irse. Si no logramos convertirnos en espacios en los que las mujeres puedan trabajar mejor, no tenemos mucho futuro».

Uno de los ejecutivos fue particularmente franco. «Esperamos que no vaya a perder el tiempo explicando *por qué* desarrollar y mantener a mujeres es importante para nuestra industria», dijo. «Conocemos muy bien esos porqués. Lo que no sabemos es *cómo* hacerlo. No tenemos ni la más mínima idea».

La riqueza de la diversidad es mi respuesta a la súplica de este ejecutivo por saber de qué manera lograrlo.

Y la manera importa. Porque cuando se trata de construir relaciones honestas y fructíferas para superar diferencias potenciales —no solo de género, sino también de raza, etnia, sexualidad y generación—, todos estamos esperando que alguien nos dé una pista.

Dada la creciente diversidad del entorno laboral en el mundo entero, todos necesitamos desarrollar las destrezas necesarias para construir relaciones sólidas con personas que quizás veamos como diferentes a nosotros. Esto aplica por igual a líderes sénior, gerentes, contribuyentes individuales, empleados recién contratados, emprendedores, proveedores de servicios profesionales, supervisores y trabajadores por contrato.

La capacidad de construir una relación de ese tipo nos ofrece una manera de demostrar nuestro agradecimiento y buena voluntad en situaciones que, de otra manera, podrían ser incómodas, volátiles o confusas. Nos permite mantenernos involucrados y al corriente por más que el mundo cambie a nuestro alrededor. Y nos ayuda a crear la clase de equipo que trabaja en conjunto y armonía y del que las organizaciones de alto rendimiento dependen.

Esto nos beneficia a todos.

Mi propósito al escribir *La riqueza de la diversidad* es abordar el desafío de la construcción de redes de relaciones amplias, resilientes y diversas de dos maneras diferentes.

La primera parte del libro identifica ocho detonantes comunes que socavan nuestra capacidad de conectar con personas cuyas historias y valores difieran de los propios. Estos detonantes se activan cuando las situaciones, las expectativas, los malentendidos o los miedos evitan que respondamos de formas que, por intuición, sabemos que serían útiles para nosotros y quienes nos rodean. En lugar de eso, nos retiramos a nuestra zona de confort, y eso hace que no avancemos.

Pero identificar las barreras potenciales es solo el primer paso. También necesitamos tomar cartas en el asunto de manera positiva. Es por eso que la segunda parte de este libro ofrece prácticas diarias simples y muy específicas que nos permitirán crear una cultura de pertenencia, ya sea como individuos, organización o equipo.

Puede que el término «cultura de pertenencia» suene algo difuso o idealista. Sin embargo, puede ser definido con claridad.

Una cultura de pertenencia es aquella en la que el mayor porcentaje posible de personas:

- Se sienten, en cierta medida, dueñas de la organización y la ven en términos de «nosotros» en lugar de «ellos».
- Creen que son valoradas tanto por su *potencial* como por sus contribuciones.
- No perciben que su importancia esté estrictamente ligada al poder que su posición otorga.

La cuestión más fundamental es *cómo* podemos infundir estos sentimientos, creencias y percepciones.

En mi experiencia, la clave es el comportamiento y la actuación. Esto contrasta con el énfasis en la mentalidad, las presunciones y la búsqueda de prejuicios inconscientes que se ha convertido en el medio principal para abordar la diversidad en las organizaciones durante los últimos años.

Ver la inclusión como una práctica, una manera de hacer las cosas que se refleja en conductas específicas, la convierte en algo concreto y alcanzable en lugar de una aspiración difusa o una bienintencionada expresión de buena voluntad generalizada. También hace que sea algo medible:

- Si oyes a alguien que habla de la empresa en la que trabaja o de sus líderes como «ellos», puedes apostar lo que quieras a que no siente que forme parte de un ambiente inclusivo.
- Si alguien dice que su jefe no tiene ni idea de cuál es su verdadero talento, puedes dar por seguro que no se siente parte de un equipo que le apoya.
- Si un miembro de tu equipo dice que cree que solo se presta atención a lo que dicen los mandamases, suena a que has suspendido en la clase de inclusión.

LA URGENTE NECESIDAD DE ESTE MOMENTO EN PARTICULAR

En este momento, la necesidad de crear culturas de pertenencia es imperiosa, porque las personas están más dispuestas que nunca a abandonar su lugar de trabajo si sienten que no las valoran lo suficiente, sienten que no forman parte o que están quemadas. Sin embargo, la presión por retener a los empleados, que tiene sus raíces en la falta de compromiso generalizada, no es nada nuevo. En la encuesta anual de Gallup[1] sobre el estado del lugar de trabajo global se observó que en 2019 solo el quince por ciento de los empleados afirmaban sentirse activamente comprometidos con su empleo. Así que no es ninguna sorpresa que la presión adicional de la pandemia haya puesto en marcha un éxodo de trabajadores que ha llegado a conocerse como La Gran Dimisión o La Gran Renuncia.

Era cuestión de tiempo para que una crisis como esta tuviera lugar. Y lo que ha hecho ha sido crear la necesidad de una mejora en términos de inclusión y sentido de la pertenencia por parte de las organizaciones y de cada uno de nosotros. Este es el desafío de nuestro momento histórico.

El enfoque basado en la práctica por el cual abogo en este libro es resultado de mi experiencia directa. He pasado los últimos treinta años trabajando en treinta y ocho países alrededor del mundo, siempre con una misión doble. Ayudo a las mujeres y a otras personas tradicionalmente marginadas a reconocer, articular y poner en práctica sus puntos fuertes y a identificar las barreras internas que podrían frenarles. Y ayudo también a las organizaciones a construir culturas inclusivas que permitan que la mayor cantidad de personas posible colaboren aportando lo mejor de sí.

Este trabajo me ha dado la oportunidad de entrevistar a miles de personas en ámbitos de lo más variados.

He pasado una tarde en un patio en Zamalek, El Cairo, en el que un grupo de mujeres vestidas de pies a cabeza de azul celeste deshojaban mazorcas de maíz mientras hablaban de sus aspiraciones profesionales.

He estado sentada hasta la madrugada en bares de sushi en Tokio donde algunos ejecutivos senior aflojaban sus corbatas, pedían una ronda más de sake y se lamentaban por las restricciones culturales que hacían que sus organizaciones estuvieran atascadas.

He escuchado a ingenieras en inteligencia artificial de Silicon Valley y Singapur —de las mujeres mejor formadas y cualificadas del mundo— describir el temor de ser percibidas como «demasiado ambiciosas» si hablaban de forma directa sobre sus habilidades y aspiraciones.

Y hombres afroamericanos se han acercado a hablar conmigo, con ganas de comparar sus experiencias con hombres blancos en posiciones de liderazgo con aquellas a las que se enfrentan las mujeres, y que Marshall Goldsmith y yo describimos en nuestro libro *¿Por qué no ascienden las mujeres?*

Estos y otros miles de encuentros dispares me han convencido de que nunca ha habido mejor momento que este para colaborar de manera transversal y ayudarnos mutuamente a progresar. Dada la inestabilidad y las tensiones económicas que han caracterizado lo que llevamos de esta década de 2020, puede que algunos crean que esto es extremadamente optimista, sobre todo si tenemos en cuenta las divisiones reales que se han visto amplificadas por las disrupciones que han tenido lugar durante los últimos quince años.

Sin embargo, tal como vi en Las Vegas y como he podido escuchar en mis viajes, las organizaciones se están tomando cada vez más en serio la necesidad de hacer lo que haga falta para lograr que la mayor cantidad posible de personas se comprometan con su trabajo. A diferencia de lo que solía suceder hace veinte años, los líderes ya no esperan que una fuerza laboral de gran diversidad simplemente se acomode al modo de hacer negocios de toda la vida, ni que las personas repriman lo que las distingue en un esfuerzo por encajar. En palabras del director de sistemas de información (CIO por sus siglas en inglés) de una empresa manufacturera de la lista *Fortune 100* con sede en el Medio Oeste de los Estados Unidos: «Por fin hemos entendido que debemos respetar a nuestros empleados tal y como son. Y que *nosotros* tenemos mucho que aprender de *ellos*».

Otra cosa importante es que hay individuos trabajando en empresas en las que antes se sentían marginados, poco seguros de sus roles y oportunidades, que ahora se sienten con mayor seguridad respecto a su aportación, así como determinación a que su potencial sea reconocido. El aumento de esa confianza en todos los niveles es, de hecho, uno de los principales motivos por los que las personas están cada vez más dispuestas a abandonar puestos que tienen buena pinta por escrito, pero que en la práctica sienten que son degradantes, insatisfactorios, inadecuados respecto a sus cualidades o que no parecen llevar a ningún sitio.

Este fortalecimiento de la confianza también ha conducido a una mayor solidaridad, porque quienes antes eran marginados ahora desean apoyarse los unos a los otros con más fuerza, y además tienen un mejor conocimiento sobre cómo hacerlo.

«Solidaridad» es una palabra algo anticuada, asociada por lo general con huelgas de trabajadores o estudiantes, que necesita ser actualizada para ajustarse a una era en la que las fuerzas que dividen siguen activas, pero los beneficios de la unión son más fuertes y evidentes. La solidaridad surge cuando nos centramos en lo que tenemos en común y lo que intentamos conseguir, nuestras raíces y propósitos compartidos, en lugar de resaltar lo que nos divide o las áreas en las que nos sentimos engañados. Si bien la solidaridad suele nacer de experiencias dolorosas, siempre mira hacia *adelante*, hacia lo que podemos hacer de cara al futuro.

Los movimientos sociales como *Black Lives Matter* y *MeToo* han sido fundamentales para fortalecer la solidaridad en nuestra era porque han manifestado públicamente amargos métodos de exclusión que rara vez se compartían y a los que se les solía quitar importancia. Lo mismo han hecho las redes, las iniciativas y los grupos de recursos para empleados que han evolucionado en organizaciones de alcance global. Han logrado proporcionar una voz y una plataforma a quienes históricamente se suponía que simplemente debían adaptarse.

En el pasado, muchas de las personas que ocupaban puestos de poder eran reacias a unirse a estas iniciativas o incluso a apoyarlas públicamente. Por ejemplo, en la década de 1990, algunas empresas que formaban parte de mi cartera de clientes a menudo me pedían que hablara con las mujeres que ostentaban cargos altos para que mostraran su apoyo en los eventos de *networking* dirigidos a empleadas con puestos más bajos. Cuando una de ellas se negaba, solía explicar que se había «esforzado mucho para ser percibida como una líder, no como una mujer», y temía que apuntarse a los eventos pudiera socavar esa posición que tanto le había costado conseguir.

Hoy en día, es más probable que las líderes sénior vean el apoyo a mujeres en puestos más bajos como una oportunidad de distinguirse, aumentar su visibilidad y entablar conexiones útiles. En resumen, como una buena estrategia profesional. Y como a estas alturas, muchas mujeres sénior se han beneficiado de estas iniciativas, ven su participación como una especie de «cadena de favores» en la que defienden activamente a quienes están ascendiendo en la empresa. Veo una evolución similar en las redes de apoyo a personas de color y minorías sexuales[2].

La historia nos enseña que la solidaridad es poderosa, y que sus efectos amplificadores pueden incluso transformar situaciones que parecían inamovibles. Si bien algunas empresas grandes —e incluso naciones— pueden verse rápidamente paralizadas por luchas internas y divisiones, cuando las personas se unen y se centran en el *nosotros* en lugar del *ellos*, pueden suceder todo tipo de cosas maravillosas a una velocidad vertiginosa.

VOLVAMOS AL «CÓMO»

Como ya he mencionado, *La riqueza de la diversidad* identifica tanto los detonantes que pueden socavar esta evolución como las prácticas que la sostienen. Creo que el poder de este enfoque basado en la práctica recae justamente en el hecho de que está arraigado en la experiencia cotidiana en lugar de en las políticas o la teoría. Abre un camino al cambio que va de abajo hacia arriba y nos ofrece a todos la oportunidad de moldear la cultura de la que formamos parte.

También resulta más útil que el enfoque basado en la mentalidad y los prejuicios inconscientes porque depende de la realidad fácilmente comprobable de que las personas se ven más afectadas de forma inmediata por nuestro comportamiento hacia ellas, es decir, por nuestras acciones, que por lo que sea que nos esté pasando por la cabeza en ese momento. Además, suele ser más fácil intentar cambiar nuestro comportamiento que nuestros pensamientos. Cambiar nuestro modo de actuar aumenta la probabilidad de que generemos respuestas diferentes en quienes nos rodean, lo que a su vez puede resultar en nuevas experiencias. Luego, estas experiencias pueden derivar en un cambio en nuestra forma de pensar de una manera más orgánica.

Todos sabemos cómo funciona esto.

Por ejemplo, pensamos que alguien no nos cae bien. Como respuesta, es posible que surja un prejuicio inconsciente. Quizás nos demos cuenta de que ya no estamos pensando en por qué no nos cae bien *esa* persona en particular, sino en por qué no nos agrada *ese tipo* de persona.

Más tarde tenemos un encuentro con esa persona en el que intentamos, quizás muy torpemente, actuar de una manera más abierta y predispuesta. Recibimos una respuesta positiva y pronto descubrimos que tenemos varias cosas en común. Comenzamos a revaluar la opinión previa que teníamos de esta persona. Y con el paso del tiempo quizás empecemos a repensar las presunciones que hemos estado teniendo con respecto a otros que hemos supuesto que, de alguna u otra manera, eran *como esa persona.*

Esta evolución mental refleja una verdad muy simple: es más fácil llegar a una nueva manera de pensar a través de las acciones que llegar a una nueva manera de actuar a través de los pensamientos.

Es por esto que *La riqueza de la diversidad* nos pide que consideremos la forma en la que hacer pequeños ajustes en nuestra conducta puede fomentar nuestra capacidad de expandir las relaciones en nuestro lugar de trabajo que puedan moldear nuestra carrera profesional y enriquecer nuestra vida diaria. Una expansión de ese estilo puede ampliar nuestra influencia y a la vez convertirnos en personas mejores, hacer que seamos más capaces, más abiertas y que estemos más a gusto en el mundo.

PARTE I

OCHO DETONANTES COMUNES

1

LA NATURALEZA DE LOS DETONANTES

Nos elevamos juntos cuando entendemos los detonantes más comunes que pueden impedirnos avanzar

Durante décadas he visto cómo ciertas situaciones funcionan como detonantes de percepciones y reacciones negativas entre hombres y mujeres en el ámbito laboral. Esas situaciones son tan habituales que ya las percibo como escenas de una obra de teatro que he visto demasiadas veces.

PRIMERA ESCENA

Una mujer —llamémosla Jen— comparte una idea durante una reunión con su equipo de desarrollo. Nadie le presta atención ni le responde. Diez minutos más tarde, un colega varón —llamémoslo Mark— hace la misma observación, que ahora recibe un reconocimiento inmediato: «¡Gran idea, Mark! ¿Puedes contarnos cómo funcionaría?».

A Jen le molesta que Mark se lleve el mérito por una idea que ella ha propuesto, pero no quiere señalarlo y crear una situación incómoda. Después de todo, lo que más importa es la *idea* y no quién se lleva el mérito ¿verdad? Y si dijera algo al respecto, ¿no parecería una mezquina? No quiere sonar ofendida ni, Dios no lo quiera, quedar como una víctima. Y de nada serviría convertir a Mark en un enemigo. Así que intenta ignorar el resentimiento y se dice a sí misma que lo mejor es seguir adelante.

Sin embargo, a medida que la reunión progresa, Jen comienza a recordar otros momentos en los que han ocurrido cosas similares, tanto con ella como con otras mujeres de la empresa. Esos recuerdos avivan su resentimiento y agravan su sensación de invisibilidad y de que se la infravalora. Para cuando la reunión llega a su fin, Jen está furiosa.

En el pasillo, busca a su amiga Chantal y da rienda suelta a sus pensamientos. «¿Puedes creer que todos han reaccionado como si mi sugerencia hubiera sido idea de Mark? Ya he visto que te ha pasado lo mismo. ¡Aquí los hombres son incapaces de prestar atención a cualquier cosa que diga una mujer!».

SEGUNDA ESCENA

Jason le dice a Kim, una colega júnior, que le gustaría recomendarla para un puesto publicado en la red interna de la empresa. Cree que ella sería perfecta para el trabajo. También le gusta construir el tipo de relaciones basadas en intercambios que ayudan a los demás y a la vez robustecen su red de contactos al establecer conexiones que podrían serle útiles en el futuro. Además, la empresa está alentando a los hombres a tratar a las mujeres como aliadas de forma más activa, así que esta parece la oportunidad perfecta para sumar algunos puntos.

Pero Kim duda y dice que necesita tiempo para pensarlo. Jason se pregunta qué es lo que hay que pensar, pero acepta. Unos días más tarde, Kim pasa por su oficina para decirle que, si bien agradece su oferta, no se siente preparada para el nuevo puesto. «Le he echado un vistazo al anuncio y no tengo ninguna de las cualidades que menciona», señala. «Además, todavía tengo cosas que aprender en el puesto en el que estoy ahora».

No es la primera vez que Jason escucha a Kim hacer de menos capacidades y cree que eso de tener que dominar todas las habilidades requeridas antes de postularse para un trabajo es una excusa tonta. Se pregunta si es una de esas mujeres que carecen de ambición.

El mes anterior, otra colega rechazó un ascenso que la habría colocado en un puesto de directora. ¿Y eso por qué? La empresa está intentando impulsar a las mujeres, pero las mujeres parecen resistirse.

Está decepcionado y decide dar a Kim por perdida.

* * *

Estos son escenarios habituales. Variaciones de ellos suceden sin parar. Lo que tienen en común es que suelen detonar respuestas típicas. Las respuestas típicas se basan en observaciones y experiencias que dan forma a nuestras expectativas sin que ni siquiera nos demos cuenta de ello. Interpretamos lo que sucede en el momento a través del prisma bajo el que hemos observado (o creemos que hemos observado) en el pasado, o de nuestras creencias sobre cómo *deberían* ser las personas y el mundo.

Esto es normal. Es la manera en la que operamos los seres humanos. Las respuestas típicas nos atraen porque nos ofrecen atajos mentales útiles para lidiar con situaciones a las que nos enfrentamos con regularidad. Parecen fáciles porque nos resultan familiares, y satisfactorias porque confirman lo que ya estábamos preparados para creer. Pero al privarnos de tener una intención y una elección, las respuestas típicas socavan nuestra capacidad de abordar situaciones rutinarias que pueden resultar un detonante en cualquier momento.

Mi colega Marshall Goldsmith escribió, literalmente, el libro sobre los detonantes: incidentes que nos provocan, generan emociones y hacen que respondamos de formas que podrían empeorar nuestra situación y rara vez nos benefician. Marshall describe los detonantes como cualquier estímulo o situación que moldea nuestros pensamientos, palabras o acciones. Señala que los detonantes provienen del entorno. Es decir, se encuentran fuera de nosotros[1].

Debido a esto, no podemos controlar los eventos que los provocan. Pero sí podemos controlar cómo respondemos a ellos. Si no lo hacemos, cedemos el poder a nuestro entorno y nos dejamos dominar por palabras y acciones aleatorias. Permitimos que las circunstancias nos tiendan una trampa. Inhibimos nuestra propia capacidad de cambio y crecimiento.

Los detonantes operan en una gran variedad de situaciones. Podemos experimentarlos al conducir («¿has visto lo que ha hecho ese idiota?») o al tratar con un familiar («¡no puedo creer que vuelvas a mencionar esto!»). En este libro, nos ocuparemos principalmente de cómo los detonantes comunes pueden disminuir nuestra capacidad de crear y mantener relaciones constructivas a través de una amplia variedad de circunstancias. Y dado que tanto los lugares de trabajo como nuestras comunidades son cada vez más diversos, aprender a identificar y desactivar dichos detonantes se convertirá en una habilidad cada vez más indispensable.

El no ocuparse de los detonantes más comunes presentes en nuestro lugar de trabajo puede privarnos de aliados útiles, limitar nuestra capacidad de colaborar, disminuir nuestro rendimiento y truncar nuestra carrera profesional. También puede socavar la salud de nuestros equipos y aumentar la disfuncionalidad en nuestras organizaciones. El impacto de los detonantes puede ser individual (impedirnos alcanzar nuestro máximo potencial) o sistémico (que nuestra empresa se vea implicada en una demanda peliaguda). Pero no importa el alcance del daño, dejar vía libre a los detonantes evita que seamos el tipo de personas que queremos ser y que construyamos lugares de trabajo en los que todo el mundo pueda prosperar.

El énfasis que las universidades han estado haciendo durante estos últimos años en alentar a las personas a protegerse a sí mismas y a los demás de potenciales detonantes les hace un flaco favor a los estudiantes que pronto se unirán a un lugar de trabajo en el que la capacidad de tratar con una gran variedad de personas distintas será esperada y requerida. En vez de escondernos de situaciones detonantes, evitar posibles encuentros sensibles o lanzar acusaciones, cada uno de nosotros necesita desarrollar una consciencia del impacto que estas tienen para así encontrar maneras útiles de responder. Tratarnos a nosotros mismos como plantas sensibles e indefensas que no pueden lidiar con ninguna situación que nos moleste perjudicará seriamente nuestra capacidad de construir relaciones fructíferas con personas a las que percibimos como diferentes a nosotros. Esto socavará nuestra capacidad de crear el tipo de carrera profesional que saque el máximo rendimiento de todos nuestros talentos.

LAS HISTORIAS QUE CONTAMOS

En mi experiencia, los detonantes son el motivo principal por el que hombres y mujeres terminan por aislarse en burbujas con los de su propio género, lo que limita sus experiencias y los priva de establecer conexiones útiles. Eso es lo que ocurrió cuando Jen se sirvió de Chantal para que se compadeciera de ella después de la reunión en la que Mark se llevó el mérito por su idea. Compartir su resentimiento con una colega puede haber aliviado temporalmente el malestar emocional que Jen sintió al ser ignorada. Pero dar rienda suelta a sus sentimientos no hizo más que reforzar la historia que se estaba contando a sí misma para explicar lo que había sucedido: «¡Los hombres no escuchan a las mujeres!». Esto aumentó la probabilidad de permanecer atascada en esa rutina negativa.

Las *historias* que nos contamos a nosotros mismos cuando un detonante nos provoca son lo que hace que permanezcamos atrincherados y que limitemos nuestra capacidad de generar una respuesta efectiva.

Así es como funciona este proceso:

Primero, el detonante provoca una reacción emocional que nos agarra por sorpresa. Sentimos una descarga de adrenalina, un vuelco en el estómago, rechazo, una furia enceguecedora o un sarcástico «no podía ser de otra forma». O quizás solo sintamos confusión. Nuestro impulso inmediato quizás sea atacar. Pero si estamos en una situación laboral, tememos lo que eso pueda costarnos, así que intentamos reprimir nuestros sentimientos y seguir con nuestra vida. Cuando eso no funciona, quizás aprovechemos la primera oportunidad que tengamos para quejarnos con un colega comprensivo, y es por eso que gastamos tanto tiempo en cháchara resentida y cotilleo poco productivo.

Es así como nuestra respuesta ante los detonantes juega un papel importante en la formación de culturas tóxicas que nos ponen los unos en contra de los otros, justifican las críticas y hacen perder el tiempo a todo el mundo.

Pero ya sea que suframos en silencio o cedamos al impulso de despotricar, lo que casi siempre hacemos cuando un detonante nos provoca es intentar darle algún tipo de contexto a lo sucedido. Aquí es donde la idea de contar historias entra en juego. Creamos una narrativa basada en nuestras experiencias o percepciones pasadas para buscar a un culpable, exonerarnos a nosotros mismos y magnificar el impacto.

Como estas historias nos hacen sentir mejor, es posible que no nos detengamos a cuestionar si son ciertas o útiles. Sin embargo, la verdad es que las historias a las que solemos recurrir pocas veces nos ayudan. Son particularmente dañinas cuando se aplican sobre nuestras diferencias: de género, desde luego («los hombres no pueden...», «las mujeres simplemente se niegan a...»), pero también de raza, etnia, orientación sexual y edad («estos siempre...», «parecen incapaces de...»).

Estas historias se basan en generalizaciones y estereotipos, es por eso que refuerzan cualquier prejuicio que tengamos. Esto hace que nos resulte difícil ver a los demás atendiendo a todas sus particularidades; en lugar de eso, los percibimos como miembros de un grupo. Además, como nuestras historias predilectas suelen hacer énfasis en nuestra propia inocencia («¡no tenía ni idea!», «nunca habría imaginado que él...»), a menudo refuerzan la sensación que tenemos de haber sido ofendidos o victimizados, un riesgo cada vez mayor para los hombres además de las mujeres.

Dado que no podemos controlar a los demás, lo mejor que podemos hacer es reconocer el impacto emocional y mental que los detonantes tienen en nosotros. Este es un primer paso necesario que nos permite elegir una respuesta que aumente nuestra dignidad y esté al servicio de nuestros intereses.

GUIONES ALTERNATIVOS

Si bien las situaciones detonantes están fuera de nuestro control, no ocurre lo mismo con las *historias* que nos contamos a nosotros mismos sobre ellas. Es por eso que concebir una historia diferente que explique lo sucedido es el medio más simple y efectivo para crear las condiciones necesarias que nos permitan dar una respuesta eficaz.

Pero primero necesitamos percibir y aceptar que algo nos está provocando sin abordarlo desde una perspectiva egoísta:

- No nos digamos «esto no debería haber sucedido». Aceptemos que sucedió.
- No nos digamos «no puedo con esto». Aceptemos que necesitamos hacerlo.
- No nos digamos «no puedo creer que esta persona haya…». Aceptemos que lo ha hecho.

Practicar este tipo de aceptación —también conocida como «ser realista»— nos ofrece la distancia necesaria para crear un guion alternativo que explica lo que acaba de suceder desde una perspectiva menos volátil.

No es cuestión de ser extremadamente optimista e ingenuo. Tampoco es una forma de negación. Se trata de tomar una decisión estratégica basada en el reconocimiento pragmático de que con una historia positiva nosotros somos quienes tenemos el control. Después de todo, somos nosotros los que decidimos cómo contarla. Y somos nosotros quienes decidimos qué interpretación nos permitirá avanzar de la mejor manera.

Escribir un guion positivo también detiene la secuencia de suposiciones automáticas que se ven reforzadas por las historias que solemos contarnos. Estas narrativas conocidas confirman que tenemos derecho a sentirnos infravalorados, poco respetados u ofendidos. En contraste, una narrativa nueva nos ofrece una manera de prevenir que nos acabemos atascando en esas viejas excusas.

Echémosle un vistazo a cómo este proceso pudo haber modificado el resultado de las escenas descritas más arriba.

PRIMERA ESCENA

Antes que nada, Jen se admitiría a sí misma que la intervención de Mark la ha hecho enfadar en lugar de intentar reprimir lo que siente o decirse a sí misma que debería ignorarlo y seguir con su día. Simplemente se daría cuenta de que el hecho de que Mark haya repetido su idea, y que se le haya reconocido por hacerlo, ha disparado una secuencia de pensamientos y suposiciones familiares que parecen explicar lo que acababa de suceder:

- Aquí a los hombres les cuesta escuchar cualquier cosa que diga una mujer.
- Aquí los hombres hacen piña entre ellos.
- No hay forma de defenderme sin parecer mezquina.
- Siento que me están faltando el respeto y que no me escuchan, pero estoy atascada.

En contraste, reconocer que estaba recurriendo por defecto a un diálogo interno muy conocido le habría permitido a Jen contarse una historia que respaldara su capacidad de sentirse respetada y escuchada. Al reconocer sin juicio alguno que se siente perjudicada por lo que acaba de ocurrir, podría haber usado una historia nueva para trazar su propio camino.

Por ejemplo, podría decirse a sí misma que Mark quizás ha repetido su idea porque estaba de acuerdo e intentaba apoyarla. O quizás decidiría que lo que él ha hecho era resumir lo que ella había dicho con el fin de ahondar en ello. Esas explicaciones, esas historias, le permitirían darle a Mark el beneficio de la duda, el beneficio de su buena voluntad, y eso aumentaría las probabilidades de un resultado positivo.

La cuestión es la siguiente: *no importa si Jen cree que esta historia alternativa es cierta o no.* Aunque esté bastante segura de que Mark intenta llevarse el mérito de su idea, crear una narrativa positiva la ayuda a llevar las riendas de la situación y le ofrece una variedad de maneras de pedir lo que quiere —en este caso, reconocimiento— sin comenzar una guerra desafiando a Mark.

Por ejemplo, en cuanto Mark hablara, Jen podría responder: «Me alegra de que Mark esté de acuerdo con lo que acabo de decir. ¡Gracias, Mark!». Entonces, en lugar de abordar a Chantal para una sesión de quejas que no sería para nada productiva, podría interceptar a Mark cuando la reunión hubiera acabado: «Es fantástico saber que pensamos lo mismo sobre este asunto. Me gustaría que habláramos de cómo podemos seguir avanzando».

Aunque Jen estuviera demasiado sorprendida para responder de forma constructiva en el momento, igual podría hacer que la situación funcionara a su favor al actuar después del hecho. Por ejemplo, podría haberle escrito un correo electrónico a Mark al día siguiente para decirle lo mucho que le alegraba que él estuviera de acuerdo con su idea y sugerir una reunión para explorar la posibilidad de unir fuerzas.

Fíjate en que estas acciones positivas le ofrecen a Jen la oportunidad de adjudicarse a sí misma la idea que ella había propuesto. Desde luego, ya no le pertenece solo a ella; ahora Mark es parte de la escena. Pero reformular la historia le permite reafirmarse en lugar de aceptar la pérdida o dejarse llevar por el resentimiento, dos estrategias que aumentan la probabilidad de que ella acabe siendo relegada. Además, les hace saber a Mark y a todos los demás testigos del intercambio que ella no está dispuesta a dejar que la ignoren o la pasen por alto.

En mi experiencia, este tipo de estrategia a menudo inspira a la otra persona a comenzar a creer de verdad en esa nueva historia. ¿Por qué no iba a hacerlo, si coincide con el deseo de tener una buena imagen de uno mismo? En lugar de verse en el papel de antagonista, de pronto se ve ocupando el papel de aliado: «Oye, sí, eso es lo que quería decir, de verdad estaba intentando apoyarte». Lo mejor de todo es que tú has creado ese cambio de actitud. Eso sí que es tomar el control de forma estratégica.

La idea es que, por más forzada y poco auténtica que pueda parecer una interacción como esta en el momento, tiene valor porque sirve a tus intereses y al mismo tiempo hace que el mundo sea un lugar más agradable. Te permite construir una conexión que de otra manera se te habría escapado. Y convierte una situación potencialmente negativa en una ventaja para ti.

¿Qué tiene eso de malo?

SEGUNDA ESCENA

Jason se sintió rechazado cuando Kim dijo que no a su oferta de recomendarla para el puesto que había visto publicado. Ella había sido una colaboradora estelar y él había imaginado que su deseo era el de seguir ascendiendo. Su reticencia lo había confundido, pero como otra mujer del equipo había rechazado un ascenso hacía poco, Jason decidió que ello debía obedecer a un patrón de conducta. Las mujeres parecían satisfechas trabajando muy duro, pero demostraban no querer entrar en las grandes ligas ni posicionarse como jugadoras importantes, lo que significaba que no tenían demasiado potencial como aliadas. Así que, aunque la empresa alentara a los hombres a apoyarlas, Jason decidió que no valía mucho la pena.

La situación podría haberse desarrollado de otra manera si Jason hubiera considerado una historia alternativa.

- Podría haberse dicho a sí mismo que, como Kim era solo una de tres ingenieras en una división formada por setenta hombres de rendimiento excelente, quizás no estaba acostumbrada a recibir ese apoyo y no sabía bien cómo responder a su oferta.
- Podría haber considerado que el hábito de Kim de hacer de menos sus propias cualidades podía tener su origen en el no haber recibido comentarios positivos en el pasado y en consecuencia tomar la decisión de asegurarse de que los reciba en el futuro.
- Podría haber cuestionado si quizás su aparente creencia de que necesitaba cumplir con todos los requisitos para postularse a

un puesto específico se debía a una incorrecta interpretación de lo que se esperaba de alguien que aspira a un trabajo nuevo y no una excusa tonta.

Partir de cualquiera de estos guiones le habría ofrecido a Jason un posible camino hacia adelante. En lugar de dar a Kim por perdida, podría haber intentado ver el panorama completo de cómo ella experimentaba su trabajo y qué es lo que buscaba en su carrera. Como señala el *coach* y consultor Chris Cappy: «Si no te molestas en hacer las grandes preguntas —*¿qué es importante para ti? ¿Qué quieres de tu trabajo?*—, nunca sabrás cómo ayudar a los demás. Eso significa que a veces debes impulsar la conversación. De eso trata ser un aliado» [2].

Si Jason no hubiera llegado a la conclusión de que Kim carecía de ambición, quizás podría haber generado ideas sobre cómo podían trabajar todos juntos y en equipo de manera más eficaz con tal de construir una relación más productiva con ella. Eso le habría servido a Kim, pero también le habría servido a él. Después de todo, la empresa estaba impulsando la diversidad de forma activa, lo que significa que más mujeres se unirían el equipo y más mujeres asumirían posiciones de poder. Perfeccionar su capacidad para apoyar a las mujeres sería, sin lugar a dudas, una decisión profesional muy inteligente.

LA TRAMPA DE LA AUTENTICIDAD

Crear una historia positiva para explicar un evento detonante es una herramienta simple pero eficaz. Lo único que requiere es dejar de lado las suposiciones a las que solemos recurrir y que nos ponen a la defensiva («Mark intenta robarme la idea», «Kim nunca será un miembro importante del equipo») para poder dedicar nuestra energía a una estrategia constructiva.

Los guiones positivos exigen un cierto espíritu generoso. Le estamos dando a alguien el beneficio de la duda, *incluso cuando no estamos del todo seguros de que se lo haya ganado.* Puede parecer excesivo, pero hacerlo mejora nuestra capacidad de construir un abanico de relaciones más amplio y la resiliencia necesaria para seguir adelante en momentos de estrés.

Sin embargo, cuando trabajo con clientes, me topo frecuentemente con un gran rechazo respecto al enfoque de los guiones alternativos. ¿Cuál es la objeción más común? Las personas los perciben como una actitud falsa.

Algunos comentarios típicos serían:

- «¿Por qué debería contarme una historia inventada sobre alguien que está actuando como un cretino? Me parece deshonesto y poco auténtico».
- «Prefiero ser real a ser falso. Es importante ser fiel a mí mismo».
- Por parte de los hombres: «No soy de esas personas políticamente correctas que buscan complacer a las mujeres. Digo las cosas tal como las veo».
- Por parte de las mujeres: «¿Por qué son siempre las mujeres las que deben adaptarse a los estándares y comportamientos masculinos? ¡Tengo derecho a actuar conforme a lo que creo!».

No debería sorprendernos que, después de una década o más de que nos exhorten constantemente a «ser nuestro yo más auténtico» en el lugar de trabajo, este tipo de tácticas nos parezcan una amenaza a nuestra integridad. Pero darle demasiada importancia a nuestras respuestas iniciales aumenta nuestra susceptibilidad a ser provocados por un detonante y limita nuestra capacidad de formular una respuesta eficaz.

A esto lo llamo la trampa de la autenticidad.

Como estamos comprometidos con una visión específica de quiénes somos, o de quiénes creemos que deberíamos ser, imaginamos que darle a los demás el beneficio de la duda sería un acto desleal hacia nosotros mismos y una traición a nuestros valores. Sin embargo, en realidad lo que estaríamos haciendo no sería más que probar una idea nueva para ver cómo funciona.

El nombre que mi colega Marshall Goldsmith le da a la trampa de la autenticidad es «la excesiva necesidad de ser yo mismo». Señala que una lealtad sin moderación a nuestra propia autodefinición trunca nuestra capacidad de evolucionar, crecer y aprender de nuestras experiencias. Para él, este tipo de terquedad («¡así soy yo!») es una vanidad inútil que evita que hagamos cambios que nos ayudarían, a nosotros y a todos los que nos rodean[3].

Desde luego, ninguno de nosotros se va a beneficiar por simular que somos alguien que no somos. Pero eso no es necesario para escribir un guion alternativo. Lo único que debemos hacer es evitar dejarnos llevar por nuestra primera reacción ante una situación y considerar un amplio abanico de explicaciones.

Esto no significa ser falso, un farsante ni poco fiel a nosotros mismos. Es una mera cuestión de aceptar que quizás no tengamos todas las respuestas, que nuestros juicios inmediatos quizás no sean correctos. Y reconocer que, incluso cuando lo sean, actuar conforme a ellos quizás no sea el camino más eficaz para avanzar hacia adelante.

SUPERAR LA SORPRESA

Otra de las objeciones frecuentes respecto a escribir un guion positivo es el temor de que hacerlo nos haga vulnerables a la manipulación. Esto es algo que escucho a menudo. «Si le doy el beneficio de la duda a alguien que de verdad intenta socavar mi autoridad, ¿no le estaré dando poder a esa persona a mis expensas?».

Sin ninguna duda, lo estaríamos haciendo si creyéramos a ciegas en nuestro alegre guion. Pero eso no es lo que hacemos. Lo que hacemos es remplazar una historia negativa por una positiva sin dejar de ser conscientes de que ambas pueden tener elementos de verdad. Lo que importa es recordar que nuestro nuevo guion es una interpretación que nosotros elegimos considerar. Esto nos ofrece la flexibilidad necesaria para cambiar de marcha si la situación lo requiere.

También ayuda tener en mente que, incluso si alguien intenta hacernos de menos, darle el beneficio de la duda puede ser muy efectivo. Por un lado, ayuda a disminuir la adrenalina que inunda nuestro cuerpo cuando nos sentimos amenazados. Esta conocida reacción de lucha o huida es parte de nuestra herencia como seres humanos y su objetivo es protegernos de los depredadores y mantenernos con vida. Pero se activa cada vez que un detonante nos provoca, lo que hace que sea difícil reaccionar de alguna manera que nos sea útil. La adrenalina, o la intensidad del momento, hace que el pulso se acelere y la respiración sea menos profunda. Esto nubla nuestros pensamientos y nos coloca en un estado reactivo.

En contraste, imaginar que hay una intención positiva calma nuestros reflejos y nos da más tiempo para poner los pies en la tierra e identificar una manera funcional de proseguir. En lugar de sentirnos sorprendidos, enfurecidos o impotentes («¡cómo se atreve ese cretino!»), tenemos la amplitud de miras para considerar una variedad de respuestas. Además, como ya he señalado antes, las personas pueden cambiar sus conductas cuando hacemos como que no nos damos cuenta de que en realidad su intención era antagónica. Quizás prefieran nuestra versión de los hechos porque los hace quedar bien y demuestra que son personas maravillosas.

Habiendo recibido el beneficio de la duda, quizás decidan actuar como si creyeran que nuestro alegre guion es el mejor camino a seguir.

HACER UNA PRUEBA

Teresa era la directora ejecutiva de una asociación regional de museos a quien me contrataron para asesorar. Ella había tenido una relación muy estrecha con el anterior presidente de la junta directiva, pero este había renunciado debido a problemas familiares al poco tiempo de que ella asumiera su puesto. El nuevo presidente, Larry, se dedicó a imponer su control de inmediato haciéndole pasar un mal rato en las reuniones mensuales de la junta.

Teresa pasaba días enteros preparando la presentación para la reunión y luego Larry la atacaba por todo lo que a él le parecía que ella había hecho mal. Cuando intentaba explicar su razonamiento, él insistía en sus críticas. Teresa creía que el comportamiento de Larry hacía que algunos de los otros miembros de la junta se sintieran incómodos, pero nadie la defendía, lo que provocaba que se sintiera aislada y nada respetada. Cada vez que él comenzaba a hablar, ella sentía ganas de salir corriendo.

Le pregunté qué creía ella que estaba sucediendo.

«Es un maniático del control», declaró. «Además, resulta que sé que él quería a otra persona para mi puesto. Así que ahora intenta demostrar que no doy la talla. Y para ser honesta, yo misma estoy empezando a creer que es así. Básicamente, creo que quiere provocar que me equivoque con la esperanza de que me dé por vencida y me vaya».

Señalé que era posible que su interpretación fuera cierta. Pero eso dejaba sin responder la pregunta de cómo debería lidiar con la situación. ¿Tenía alguna idea?

«Quizás debería hablar con algunos de los otros miembros de la junta directiva en privado, uno a uno. Tal vez ellos consigan que se calme».

Le pregunté si creía que eso podía ser interpretado como un intento por su parte de dividir a la junta o pedirles que escogiesen un bando.

Teresa admitió que era una posibilidad.

Le pregunté si creía que alguno de los otros miembros de la junta tenía verdadera influencia sobre Larry.

«En realidad no. Es el jefe del museo más grande de toda la asociación y tiene las mejores conexiones con los donantes y los medios. Así que se lo perdonan todo».

Sabiendo esto, y dada la pasividad que los otros miembros de la junta habían demostrado en las reuniones, ¿realmente esperaba que alguno de ellos se enfrentara a él por su comportamiento?

«Lo más probable es que no. Además, podría volverse en mi contra. Pero no se me ocurre qué más hacer».

Le sugerí a Teresa que considerara reinterpretar la conducta de Larry. ¿Y si se dijera a sí misma que en realidad estaba intentando convertirla en una líder más poderosa al ponerla a prueba en público para que ganara fuerza? Aunque ese no fuera el caso, le daría la oportunidad de tratarlo como a alguien que la estaba ayudando y cuyos comentarios eran bien recibidos y valorados. Eso quizás lo inspirara a él a cambiar su enfoque.

«¿Pero eso no me haría quedar como una débil y una cobarde?», protestó Teresa. «Podría hacerme perder credibilidad ante la junta entera».

Le sugerí que, en lugar de eso, quizás se iba a encontrar con un Larry menos intimidado y más interesado en ver qué es lo que ella podría aprender de él. Eso podría significar un alivio para todos los involucrados.

Teresa accedió a probar la estrategia del guion alternativo y actuar como si las provocaciones de Larry fueran en realidad observaciones útiles. Como le preocupaba mostrarse vulnerable ante un hombre a quien consideraba «todo un matón», decidimos trabajar en su lenguaje corporal para que estuviera preparada para la próxima reunión.

La idea era que si Teresa podía centrar sus esfuerzos en mantenerse firme mientras Larry hablaba (haciéndose dueña de su espacio personal, mirándolo a los ojos y escuchando de forma distante pero reflexiva), ella estaría enviando un mensaje físico (a ella misma, a Larry y a todos los presentes) que diría que estaba abierta pero era dura, que se alegraba de aprender pero no se dejaba intimidar por los comentarios de Larry.

Teresa hizo la prueba en la próxima reunión. Más tarde me dijo: «Lo que hice fue concentrarme en respirar profunda y lentamente, y dejar que sus palabras me pasaran por encima mientras me decía a mí misma que él solo intentaba ayudarme. Eso me distrajo y evitó que entrara en pánico cuando comenzó a atacarme. Es como si mi cabeza hubiera recibido el mensaje de mi cuerpo que decía que yo podía lidiar con su agresión. Eso me hizo sentir más fuerte, que era todo lo contrario a lo que había esperado».

A medida que Teresa continuó con esta práctica durante los próximos meses, se dio cuenta de que tenía la calma suficiente para identificar los momentos en los que Larry hacía observaciones que de verdad eran útiles. «Comencé a pedirle que me aclarara algunas cosas cuando decía algo de lo que yo creía que podía aprender y me dije a mí misma que debía ignorar lo demás. No me sentía como una cobarde al hacerlo porque yo tenía control sobre mí misma. Yo era la que estaba escribiendo el guion de mi participación en las reuniones. Esto hizo que sintiera que tenía más poder respecto a Larry y en la junta».

Al cambiar la forma en que respondía a las provocaciones de Larry, Teresa pudo cambiar su experiencia, lo que hizo que le resultara más fácil responder a los ataques de Larry de una manera útil para ella. Es por eso que los guiones alternativos pueden ser tan útiles: nos permiten ir más allá de nuestras respuestas habituales, activadas por experiencias pasadas. Cambiar la narrativa nos da el poder de desafiar el carácter automático de nuestras reacciones frente a los detonantes. En lugar de eso, lo que hacemos es crear un entorno que nos ayuda a cambiar y a crecer.

UNA ADVERTENCIA

Prepararnos para hacer frente a los detonantes en vez de dejar que nos tiendan una trampa y socaven nuestra autoridad es una de las cosas más importantes que podemos hacer para nosotros, nuestra carrera profesional, nuestro equipo, nuestra organización y nuestra familia. Puede fortalecernos y despejar nuestra mente. Puede ayudarnos a conseguir aliados basados en nuestra capacidad de llevar a cabo acciones positivas en lugar de buscar compañeros con quienes desahogarnos. Puede ayudar a aumentar el respeto que sentimos hacia nosotros mismos y a mostrarnos como profesionales en circunstancias complejas. En definitiva, puede demostrar que estamos listos para ocupar puestos más importantes, ya sea como líderes, mentores o colegas valorados.

En este capítulo he esbozado algunas técnicas para desactivar detonantes y a lo largo del libro ofreceré varias más. Esto puede servir en muchos contextos, pero son particularmente útiles en situaciones en las que las diferencias de género, raza, etnia, edad y orientación sexual provocan respuestas emocionales volátiles. En los capítulos que siguen, echaremos un vistazo a cómo funcionan los detonantes más comunes y veremos cómo podemos desactivarlos y usarlos a nuestro favor.

Pero antes que nada, debo dar una advertencia importante.

No estoy recomendando que las técnicas mencionadas en este libro se usen para enfrentar conductas culturales realmente tóxicas, como el acoso deliberado o constante; las amenazas directas o veladas; y el abuso físico, psicológico o sexual. Las herramientas como los guiones alternativos no son ni apropiadas ni efectivas en el caso de los abusadores, quienes tienden a insistir en su conducta para mantener el control. Intentar calmar una situación de abuso no nos dirige a un camino más productivo. Quizás no haga más que posponer un ataque todavía más extremo.

El abuso no es solo una amenaza para la persona afectada, sino para todo el sistema. Como tal, debe ser tratado a través de canales con autoridad estructural sobre el abusador y recursos para aplicar las consecuencias correspondientes. Esto incluye profesionales de recursos humanos y legales, y, en última instancia, el sistema judicial. La rectificación de situaciones de ese tipo excede el alcance de este libro.

Estas técnicas para enfrentarse a los detonantes de conductas tampoco son la herramienta indicada para hacer frente a las desigualdades sistémicas en el caso de las contrataciones, los ascensos y las remuneraciones justas que continúan existiendo en las organizaciones. Eso también requiere de una respuesta sistémica que podría incluir acciones colectivas o legales y que se beneficiaría de un apoyo profesional.

Lo que intento proporcionar en este libro son maneras imaginativas pero demostradas para enfrentar el tipo de provocaciones diarias y comunes que no son abusivas, pero pueden de todas formas envenenar las relaciones laborales y disminuir nuestra capacidad de ser felices y eficaces. Suprimir los sentimientos que estos detonantes cotidianos despiertan en nosotros o atacar a quien sea que los haya provocado no nos sirve de nada. Tampoco nos sirve exagerar y recurrir a la artillería pesada («¡presentaré una queja a recursos humanos!», «¡llamaré a mi abogado!») en situaciones que no lo justifican. Ni hablar de ello en Twitter.

Porque la verdad es que ese tipo de respuestas suelen ser contraproducentes. Arremeter con todo, incluso cuando la situación lo merece, puede afectar nuestra reputación, exponernos al escrutinio del público, abrirle las puertas a la brutalidad de las redes sociales y prender fuego a nuestra carrera profesional. En contraste, aprender a identificar y hacer frente a detonantes comunes pero dolorosos nos ofrece maneras constructivas para abordar situaciones que quizás sean exasperantes, pero no califiquen como abusivas.

2

PRIMER DETONANTE: VISIBILIDAD

Nos elevamos juntos cuando reclamamos visibilidad y reconocemos las contribuciones de los demás

Las carreras exitosas suelen construirse sobre tres pilares: el conocimiento, los contactos y la visibilidad. De estos tres, la visibilidad es la menos reconocida.

Todos sabemos que debemos dominar las habilidades necesarias para hacer bien nuestro trabajo, o quizás incluso excepcionalmente bien. Y ya hemos entendido que cultivar una red de apoyo fuerte es esencial. Pero rara vez escuchamos que necesitamos tener un plan específico para que nuestras contribuciones sean reconocidas, por más que eso no sea algo natural para la mayoría de nosotros.

Es por eso que la visibilidad califica como detonante. Como a menudo operamos con información insuficiente, comenzamos a crearnos nuestras propias ideas sobre por qué la visibilidad es o no importante y a elaborar nuestros juicios sobre si debería o no importar. Y son estas consideraciones las que pueden generarnos problemas.

En mi experiencia, el detonante de la visibilidad funciona de tres maneras distintas pero relacionadas. Veámoslas por separado.

NUESTRA FALTA DE VISIBILIDAD ACTÚA COMO DETONANTE

Trabajamos mucho, estamos siempre presentes, llevamos a cabo nuestras tareas a conciencia. Nos esforzamos por ser colegas en quien se puede confiar y que nuestro rendimiento sea intachable. Pero a menudo sentimos que nadie se da cuenta de nuestro trabajo ni nos recompensa por él. El ascenso que creemos merecer lo recibe un colega menos capacitado que nosotros. Cuando los líderes de la empresa hablan de los altos potenciales, o *HiPo*, del inglés *high potencial* (cómo nos fastidia ese término), nuestro nombre nunca es mencionado. Ni siquiera quienes valoran nuestro trabajo parecen reconocer todo lo que seríamos capaces de hacer si nos dieran la más mínima oportunidad.

Nos decimos que no debería importarnos e intentamos consolarnos a través de nuestro rendimiento. Y hacemos un esfuerzo todavía mayor para seguir perfeccionando nuestras habilidades. Pero con el paso del tiempo, llegamos a sentirnos poco reconocidos y poco valorados de forma crónica, lo que puede hacer que desconectemos del trabajo en el que tanto nos hemos esforzado por brillar. Comenzamos a preguntarnos si estamos en la empresa o el puesto indicados. A pesar de nuestro empeño, no parece que avancemos. Quizás sea hora de pasar a otra cosa.

Puede que pasar a otra cosa sea una buena idea o no, pero algo es seguro. Si no tenemos un plan para que se nos reconozca en el próximo empleo, nos encontraremos en la misma situación. Eso es así porque la responsabilidad de que los demás noten nuestras contribuciones recae sobre nosotros.

LOS COLEGAS QUE SABEN HACERSE NOTAR ACTÚAN COMO DETONANTE

Cuando nuestra falta de visibilidad es un detonante, solemos actuar de una entre dos maneras. Nos sentimos mal con nosotros o nuestro trabajo y terminamos perdiendo la esperanza, tal como lo acabo de describir. O dirigimos nuestro resentimiento hacia afuera, hacia quienes parecen atraer la atención sin ningún esfuerzo.

Eso es algo muy común. De hecho, una de las preguntas que me hacen con mayor frecuencia en mis seminarios es:

«¿Cómo puedo atraer la atención hacia mis logros sin actuar como ese cretino del equipo?».

«¿Por qué es un cretino?», pregunto yo.

«Es un fanfarrón, tiene un ego inmenso. Con él, todo se trata de yo, yo, yo. Lo peor es que parece funcionar. Todos lo ven como un triunfador. Pero prefiero pasar desapercibida antes que ser como él».

Esta persona ha adoptado un enfoque clásico de «o lo uno o lo otro». O sigue haciendo lo que no le está funcionando e intenta sentirse satisfecha siendo una persona valiosa y modesta (mucho más agradable que ese fanfarrón de su equipo). O intenta copiar la conducta del colega que desprecia.

Se ha acorralado a sí misma porque su resentimiento por no ser notada la ha hecho sentenciosa. Quizás ese miembro de su equipo es realmente un cretino, pero eso no quita que esté haciendo uso de una habilidad que ella no se ha ocupado de potenciar. Si fuera menos displicente, podría dirigir su energía a estudiar lo que él hace y adaptarlo a su propio estilo.

- Mientras que él dice «tengo al cliente comiendo de mi mano», ella podría decir «siento una verdadera conexión con este cliente».
- Mientras que él observa «todos dicen que he hecho un trabajo estupendo», ella podría decir «la respuesta a mis esfuerzos ha sido muy gratificante».
- Mientras que él anuncia «mis resultados han sido estelares», ella podría decir «nuestro equipo ha obtenido una gran victoria en este proyecto. Pude contribuir convenciendo a nuestro cliente de Chicago».

Moderar el estilo descarado de su colega, pero ser clara con lo que puede ofrecer, podría beneficiar a la persona que formuló esta pregunta de muchas maneras diferentes. Le permitiría asegurarse de que sus logros sean valorados de una forma con la que esté cómoda. La haría salir de esa mentalidad de «o lo uno o lo otro». Y también podría calmar un poco el resentimiento que siente hacia los colegas que se esfuerzan por que sus contribuciones sean reconocidas.

A esta técnica la llamo aikido interpersonal[1].

En el aikido, usas la fuerza de tu oponente en su contra, dejando que avance hacia ti y haciéndote a un lado con elegancia. El propósito de esta maniobra sutil es desestabilizar a tu oponente mientras tú permaneces firme con los pies sobre el suelo con tal de actuar desde una posición de fuerza.

Nuestro ejemplo con «el cretino» ilustra esta estrategia en términos concretos. Al poner en práctica una manera más generosa de reclamar visibilidad, la mujer en cuestión le ofrece a su colega hombre la oportunidad perfecta de resaltar la naturaleza egocéntrica de su enfoque. Entonces, en lugar de apresurarse a juzgarlo, podría hacerse a un lado y dejar que los demás comparen su estrategia con la de él.

En política, esto a veces se conoce como ayudar a tu oponente a cavar su propia tumba.

AQUELLOS CON PROBLEMAS DE VISIBILIDAD ACTÚAN COMO DETONANTES

Si tenemos cierto talento para la autopromoción, quizás veamos como detonantes a aquellos que no lo tienen y los hagamos de menos por ser meros peones, burros de carga o inútiles. O quizás decidamos que son esnobs que creen estar por encima de las estrategias necesarias para avanzar en la carrera.

Los prejuicios de ese estilo pueden inspirarnos a adoptar un enfoque darwiniano. En palabras de un ejecutivo con el que trabajé: «Aquí o te hundes o nadas. Si no puedes hacerte escuchar, si no encuentras la manera de ser visto, no es mi trabajo colocarte en el centro de atención».

Sentir satisfacción por nuestro talento para hacernos notar puede generar dificultad a la hora de empatizar con quienes no poseen esa aptitud. Nos cuesta reconocer la aportación con la que contribuyen las personalidades introvertidas. Ignoramos el hecho de que las personas que no son parte del grupo dominante a menudo acarrean un largo historial de ser frenados al intentar ser asertivos. O quizás, al enorgullecernos de nuestra situación, descartamos las destrezas que puedan aportar los demás afirmando que son «habilidades básicas». Esto puede disminuir nuestro compromiso a la hora de esforzarnos en nuestro trabajo todo lo necesario y provocar que acabemos ignorando algunas cuestiones porque damos por sentado que los demás pueden ocuparse de los detalles.

A pesar de nuestros talentos, quienes trabajan con nosotros comenzarán a vernos como cretinos.

LOS PELIGROS DEL SESGO DE CONFIRMACIÓN

Estos tres detonantes relacionados con la visibilidad, a primera vista muy diferentes, tienen algunas cosas muy importantes en común.

En primer lugar, cada uno de ellos nos lleva a sobrevalorar uno de los tres pilares sobre los que se construye una carrera exitosa:

- Que nuestra falta de visibilidad actúe como detonante puede causar una sobrevaloración de algunas habilidades.
- Que aquellos que son buenos a la hora de atraer la atención actúen como detonantes puede hacer que invirtamos demasiado esfuerzo en generar contactos, pero de forma negativa; si por dentro estamos destrozando mentalmente a alguien, quizás busquemos aliarnos con otras personas que compartan ese desprecio.
- Que aquellos con dificultad para hacerse notar actúen como detonantes puede provocar que no valoremos suficientemente según qué habilidades, un error común entre quienes vuelan alto, así como una causa frecuente de su eventual caída.

Cada una de esas respuestas también nos mantiene inmersos en narrativas autocomplacientes. Nos contamos una historia sobre por qué *nuestro* enfoque es superior: cómo nos hace mejores trabajadores o personas, o demuestra que tenemos un entendimiento más realista de lo que se necesita para avanzar. Estos relatos que parecen hacernos justicia no nos convierten en personas horribles. Simplemente demuestran que somos humanos, proclives a elogiar nuestros propios talentos y creencias en un intento por justificar nuestro enfoque.

Estas historias también nos ofrecen un ejemplo perfecto de lo que los científicos expertos en el comportamiento llaman sesgo de confirmación. Este es el proceso a través del cual nuestro cerebro busca en nuestro entorno cualquier prueba que respalde lo que ya creemos, mientras que filtra y excluye la información que respalda cualquier otra perspectiva.

Una estrategia más útil que convencernos de las narrativas convenientes que tenemos en la cabeza es reconocerlas como señales que nos avisan de que nos encontramos frente a un detonante. Porque eso es precisamente lo que nos transmiten. Cada vez que nos oigamos decir, o incluso pensar, «yo nunca haría…» o «yo no soy el tipo de persona que…» haciendo referencia a la conducta de otra persona, podemos estar seguros de que esa conducta está actuando como un detonante para nosotros.

Como lo señalé en el primer capítulo, este es el momento ideal para detenernos y hacer algunas modificaciones a nuestro diálogo interno. *¡Ah! Ya veo, esto es un detonante. Quizás necesite cuestionarme la historia de siempre. Tal vez pueda aprender de esto.*

HACER FRENTE A LOS DETONADORES DE VISIBILIDAD

Años de observar a personas de todo el mundo enfrentándose a los detonantes de visibilidad me han convencido de que un par de prácticas simples pueden ayudar a cualquiera a mantenerse firme en su derecho de ser valorado de forma equilibrada y saludable, sin caer en el tipo de justificaciones autocomplacientes que surgen con tanta facilidad cuando estamos a la defensiva.

La práctica sencilla del aikido interpersonal que ya describí puede ser de gran ayuda. Otras prácticas incluyen:

- Reclamar nuestro propio espacio.
- Extender el aikido interpersonal.
- Unirse a la contienda.
- Compartir la atención.

Todas ellas son de particular utilidad cuando hacemos frente a diferencias de género, etnia y edad, ya que son situaciones en las que nuestro sesgo de confirmación está en máxima alerta.

RECLAMAR NUESTRO PROPIO ESPACIO

El camino a la visibilidad comienza con la simple afirmación de nuestra presencia. En cualquier situación, no importa lo incómodos o poco respetados que nos sintamos, declaramos de corazón, mente y cuerpo: *Estoy aquí; tengo derecho a estar donde estoy y ser quien soy. Y tengo el derecho a que me reconozcan.*

Este es el nivel más básico de la visibilidad. Y a menudo es por donde debemos comenzar.

Durante su carrera de veintinueve años como oficial del ejército de los Estados Unidos, la coronel Diane Ryan sirvió en despliegues de combate en las operaciones *Desert Stom* y *Iraqi Freedom*. Tras una serie de nombramientos por parte del Estado Mayor, pasó nueve años en la facultad del Departamento de Ciencias del Comportamiento y Liderazgo de la Academia Militar de los Estados Unidos en West Point y terminó como profesora de la academia, directora del Programa Eisenhower para el Desarrollo de Líderes y jefa adjunta del departamento. Sin embargo, a pesar de su carrera estelar, durante sus años de servicio, Diane tuvo dificultades para hacer que su presencia fuera reconocida de la forma más básica.

Diane afirma: «En el ejército, el problema de la visibilidad es central y tiene lugar día a día. Por ejemplo, se presupone que las personas siempre deben reconocer y saludar a cualquiera con un rango superior. Sin embargo, casi hasta el día en el que me retiré, los hombres solían hacer todo lo posible para no verme. Como era una mujer que los superaba en rango, no querían reconocer mi posición. Así que intentaban ignorar mi presencia».

Diane supo desde el principio que no podía dejar que eso sucediera.

«Saludar a un oficial superior es una práctica que existe en el ejército desde los tiempos en los que los caballeros usaban armadura, así que no podía dejarlo pasar. Cada vez que un hombre lo intentaba, me obligaba a mí misma a mirarlo de forma directa y decir simplemente, pero con firmeza: "¡Hola! ¿Quizás no me has visto?". Incluso cuando parecía obvio que el otro estaba haciendo todo lo posible por evitarme, le daba el beneficio de la duda. No me parecía que tuviera sentido humillarlo, porque eso no haría más que agravar la situación. Pero siempre me mantuve firme».

De manera similar, los soldados varones que sí saludaban a Diane a veces se dirigían a ella como «señor». En el sentido de «Hola, señor». «La insinuación era que debía ser un hombre si los superaba en rango, porque ninguna mujer podría hacerlo. Una vez más, incluso cuando estaba segura de que era intencional, les daba el beneficio de la duda y solo los corregía con un "señora" pronunciado con voz fuerte y clara. A menudo ofrecían algún tipo de excusa: "Oh, no la había visto, no estaba prestando atención". Vale, como sea. Lo aceptaba con un movimiento de la cabeza y seguía mi camino».

Diane se vio inspirada a continuar con ese esfuerzo desde el principio de su carrera cuando un oficial sénior le dijo: «El estándar que toleras es el estándar que fijas». En otras palabras, si dejas que algo ocurra, si simplemente lo dejas pasar, estás estableciendo eso como la base de lo que es aceptable. Así es como las malas conductas y las microagresiones se arraigan. Si bien no depende de ti que otra persona se niegue a reconocerte, sí depende de ti exigirle que se haga responsable de sus actos.

Diane a veces se preguntaba si conceder el beneficio de la duda a reclutas y otros oficiales que en un principio se empeñaban en faltarle el respeto no era una especie de conducta complaciente. Pero mantuvo su enfoque porque le resultaba muy efectivo. Sabía por experiencia propia que los detonantes podían hacerla estallar en cualquier momento y creía que su mejor estrategia de defensa era desactivarlos. Su método combinaba fuerza con gracia, que es en definitiva lo que significa darle a alguien el beneficio de la duda. La gracia es gracia justamente porque no ha sido ganada, sino que ha sido otorgada libremente.

Así que Diane se esforzó en fijar un estándar que consistía en *no dejar pasar nada*[2].

EXTENDER EL AIKIDO INTERPERSONAL

Reclamar nuestro propio espacio no es solo un desafío para las mujeres. La cultura puede jugar un papel enorme. Joohan, director de tecnología de una empresa emergente de San José, nació en una familia coreana que valoraba la humildad y la modestia, así como la deferencia a cualquier persona con autoridad. Joohan también era callado e introvertido, en contraste con el fundador de la empresa, Jay, un texano carismático y superlisto con botas de vaquero. Jay era un hábil promotor de la empresa y de sí mismo, una fuerza de la naturaleza que sabía cómo captar la atención.

A pesar de ser polos opuestos, Joohan y Jay conformaban un fuerte equipo, excepto cuando debían reunirse con inversores. Jay necesitaba a Joohan en esas reuniones con tal de que este respondiera a las complejas preguntas técnicas que los potenciales proveedores siempre le planteaban. Sin embargo, a pesar de sus conocimientos innegables, la incomodidad de Joohan en las reuniones era palpable. Odiaba ser el foco de atención y respondía bajando la mirada y provocando, con esa actitud dubitativa, la impaciencia natural de Jay. Jay redirigía una pregunta a Joohan, pero cuando Joohan no respondía de inmediato, Jay lo interrumpía de inmediato. Acostumbrado a ceder ante Jay por ser el fundador y sin intención de confrontarlo, Joohan simplemente se callaba.

Joohan sentía que la única solución era que Jay contuviera de algún modo su impaciencia. Pero a pesar de pedírselo repetidas veces y de haber arruinado varias presentaciones ante inversores, Jay parecía incapaz de quedarse allí sentado mientras Joohan se esforzaba por decir algo.

El *coach* de Joohan le sugirió que trabajara en su lenguaje corporal como método para hacerse notar y habitar el espacio físico de manera más asertiva, en lugar de intentar, sin éxito, que Jay le dejase hablar. En ese momento, Joohan estaba recibiendo tratamiento por un problema de espalda, así que el *coach* le propuso una táctica poco ortodoxa. Cuando él y Jay llegaran a la presentación, Joohan anunciaría de inmediato que su quiropráctico le había dicho que necesitaba permanecer de pie durante las reuniones. Así que mientras todos se acomodaban en sus sillas, Joohan seguía de pie, concentrándose en mantener una buena postura.

El impacto fue inmediato.

Joohan lo describe así: «Todos tenían que levantar la cabeza para mirarme, y de alguna manera eso marcó una diferencia, como si de pronto yo tuviera más autoridad de la que tenía cuando estaba sentado. Siempre había creído que todo mi valor provenía de ser el experto técnico, pero ahora veía que las cosas no eran tan simples. La primera vez que Jay me interrumpió, se detuvo antes de terminar de hacerlo y se disculpó, de verdad, no podía creerlo. La segunda vez, me escuché decir "todavía no he terminado" y él desistió. Tras un par de reuniones, Jay comenzó a ponerse de pie cuando él tenía algo para decir. Pero tanto subir y bajar nos hacía parecer personajes de dibujos animados, así que dejó de hacerlo».

Permanecer de pie durante las reuniones con los inversores cambió la visión que Joohan tenía de su relación con Jay. «Comencé a tener esta imagen de mí mismo como si fuera el profesor de Jay, que era ese niño inquieto, simpático e inteligente que, en última instancia, no tenía el control. Quizás suene tonto, pero eso me sirvió porque significaba que veía a Jay como un ser humano que era mi par y no como un jefe al que no podía contradecir. Eso es muy diferente al modo jerárquico en el que mi familia me enseñó a ver el mundo».

La experiencia de Joohan le enseñó el valor de reafirmarse físicamente antes de querer hacerlo de forma verbal. Una gran cantidad de estudios han descubierto que adoptar una postura de autoridad envía señales a nuestro cerebro de que tenemos derecho a estar donde estamos. También indica a los demás que merecemos que nos presten atención.

Actuar como si creyéramos que tenemos derecho a reclamar visibilidad es un ejemplo perfecto del viejo dicho de «finge hasta conseguirlo». Por simple que parezca, afirmar ese derecho a ser visto de forma verbal (como Diane) o física (como Joohan) suele funcionar.

Sun Tzu, el presunto autor del antiguo tratado militar chino conocido como *El Arte de la Guerra*, enseñaba que actuar de forma indirecta o redirigir los ataques para desarmar al oponente es preferible a entrar directamente en combate; el costo es menor y, en última instancia, es más eficaz. De nuevo, Diane y Joohan demuestran el poder del enfoque de Sun Tzu. Cada uno de ellos usaron una variante del aikido interpersonal para convencer a colegas recalcitrantes e impacientes de su derecho a estar donde estaban.

El compromiso de Diane de darles a sus antagonistas el beneficio de la duda es también el equivalente a la práctica de «conservar al enemigo intacto» de Sun Tzu: conquistar a un adversario de manera tal que conservemos nuestros propios recursos y permitamos al oponente retener algo de dignidad. A lo largo de este libro veremos formas de aplicar este principio, dado que, como también enseña Sun Tzu, la clave para crear un espacio en el que podamos mejorar está en actuar de forma controlada[3].

Incluso con quienes quizás nos hayan tratado como oponentes.

UNIRSE A LA CONTIENDA

Cuando hablo frente a grupos grandes de mujeres, las preguntas son numerosas y constantes. Pero si hay hombres presentes, las mujeres suelen cerrarse. En un público con un veinte por ciento de hombres, serán ellos los que suelan hacer la mitad de las preguntas. Si el público está compuesto en un cuarenta por ciento por hombres, solo algunas mujeres participarán. Esto es particularmente cierto si los hombres tienen puestos sénior.

Ahora bien, no creo que los hombres estén más fascinados por cada una de las palabras que desbordan de mis labios que las mujeres, sobre todo porque las mujeres suelen abordarme después de las charlas para hacerme preguntas o compartir sus ideas. Lo que sí creo es que los hombres ven el estar dispuestos a hablar como algo esencialmente estratégico, una manera de posicionarse como colaboradores o jugadores y unirse a la contienda. Es una oportunidad de ganar reconocimiento y ser percibidos.

Hablar en público es también una manera muy eficaz de atraer aliados. Por ejemplo, cuando termino de presentar un discurso inaugural, tanto mujeres como hombres suelen acercarse a quienes han hecho comentarios, por lo general para mostrar su apoyo («¡una pregunta estupenda!») o para entablar un diálogo («me encanta eso que has dicho. Te enviaré por correo algunas ideas al respecto»). Esto permite que quienes hablen expandan su red de contactos de manera orgánica y así fortalezcan su visibilidad.

Lo que sucede en los foros públicos ocurre también en las reuniones internas, tanto presenciales como virtuales. Por ejemplo, una empresa de servicios financieros internacionales para la que trabajé descubrió que la falta de visibilidad era el principal impedimento para sus gerentes mujeres, el motivo clave por el cual tenían dificultades para presentarse como candidatas a ascensos. Tuve una breve conversación con el líder de recursos humanos que había analizado los datos. «No es nada nuevo», dijo. «Tenemos un gran problema a la hora de conseguir que las mujeres hablen en las reuniones, que suelen estar dominadas por hombres. El resultado es que las mujeres con talento pasan desapercibidas».

Cuando entrevisté a algunas mujeres de dicha empresa, explicaron que no les gustaba hablar antes de tener todos los datos perfectamente claros. Otras señalaron que querían asegurarse «de que los demás tuvieran la oportunidad de hablar». Muchas me informaron que, en momentos anteriores en los que sí habían hablado, nadie había respondido. «Siempre pasaba lo mismo —explicó una de ellas—, así que dejé de intentarlo».

Escucho variaciones de esos comentarios constantemente. Muchas culturas hacen que hablar sea difícil para las mujeres y otros colectivos percibidos como marginados. Mientras que aquellas que hablan pueden ser etiquetadas como arrogantes o interesadas. Así que no es ninguna sorpresa que, en un esfuerzo por ser complacientes o evitar ser vistas como alborotadoras, quienes temen esas descripciones elijan permanecer en silencio.

Sin embargo, cuando las mujeres y otros grupos marginados «lo dejan pasar», están fijando estándares que pueden hacer que sea más difícil que los demás se involucren. En palabras de Melicia, directora de mercadotecnia en la empresa de servicios financieros que he mencionado, una persona muy segura de sí misma: «Odio ser la única mujer que da su opinión en las reuniones. Las otras mujeres me dicen que soy valiente. Pero yo siempre me pregunto a qué le temen tanto».

Desde luego, las mujeres no son las únicas que tienen dificultades en este tipo de situaciones. Es probable que los hombres introvertidos, o de hecho cualquier persona que provenga de una cultura que valora la deferencia o con una concepción distinta del liderazgo convencional, también vivan experiencias similares, como hemos visto con Joohan. Pero el asunto no es tanto *quién* tiene estos problemas, sino *cómo* abordarlos, sobre todo cuando los nuevos entornos laborales virtuales hacen que hablar y dar nuestra opinión sea tan difícil como cada vez más importante[4].

Hay tres prácticas simples que pueden ayudar a quienes no saben cómo unirse a la contienda.

Prepararse

A menudo damos por hecho que las personas que hablan con seguridad en público o formulan preguntas con claridad son seguras por naturaleza y han nacido con algún talento o confianza innata. Pero lo cierto es que esas personas suelen adoptar el hábito de estar bien preparadas. Revisan el tema que será discutido con antelación y deciden cuáles son los puntos que les gustaría mencionar si la oportunidad se presenta. Y piensan cuál sería la mejor forma de expresar sus observaciones, preguntas o comentarios.

Una vez le pregunté a Sherry, la mujer con el puesto más alto en una empresa internacional de biotecnología, cuál creía que era el motivo principal de su ascenso meteórico (conoceremos más sobre Sherry en el capítulo cinco). Sin dudarlo, citó su capacidad de hablar clara y concisamente en reuniones o presentaciones frente al equipo ejecutivo. «Es una habilidad que no tiene precio, pero no se nace con ella. Requiere mucha preparación. Tomas notas, buscas la mejor forma de expresarte. Ensayas lo que quieres decir por adelantado. Las personas creen que es algo muy espontáneo, pero no es así. Tienes que esforzarte, pero la recompensa puede ser mucho mayor que el esfuerzo».

Hablar en ese tipo de contextos es en sí mismo una forma de preparación, lo que significa que cuanto más lo hagamos, mejor nos saldrá. Descubrimos qué frases funcionan, qué ideas enganchan, qué provoca risas. Hablar en voz alta también nos ayuda a clarificar nuestros pensamientos para que la próxima vez que hablemos podamos transmitirlos mejor.

Cualquier persona que haya hecho una gira de promoción para un libro puede confirmarlo.

Al principio, a pesar de haber pasado años trabajando en un mismo tema, nos tropezamos al intentar expresarnos o no hacemos más que divagar. Pero tras un par de decenas de entrevistas, encontramos un equilibrio. Pronto sabemos exactamente qué decir y cómo presentarlo de forma clara y concisa. Progresamos rápido porque tenemos muchas oportunidades de perfeccionar nuestro mensaje.

Reclutar

Quienes suelen tener dificultades para hablar en estas situaciones pueden beneficiarse de reclutar algo de ayuda de antemano. Basta con hacerles saber a algunas personas que planeamos hacer un par de comentarios cuando sea el momento indicado. Y les pedimos consejos.

Por ejemplo, podríamos decir: «¿Me das una mano? Las reuniones como la de mañana suelen ponerme nerviosa, así que tiendo a quedarme callada. Pero vamos a hablar del nuevo plan de negocios y tengo algunas ideas sobre cómo mejorarlo. ¿Tienes un minuto para que te las cuente, a ver qué opinas?».

O quizás: «Sé que asistirás a la sesión de *brainstorming* de la semana próxima. Me gustaría compartir algunas ideas, y eso me cuesta un poco. Si lo que digo te parece bien, ¿te molestaría expresarlo en la reunión? He notado que mis comentarios a veces se pierden entre todo lo que se dice, así que agradecería mucho tu apoyo».

Esta técnica tiene varias ventajas:

- Nos da un empujón para iniciar el proceso de dar a conocer nuestra opinión, lo que hace que sea más fácil hacerlo en la reunión real.
- Abandonar en el último momento deja de ser una opción cuando ya nos hemos ocupado de decirle a alguien que planeamos decir algo.
- Pedir apoyo nos ayuda a extender y ampliar nuestra red de contactos más allá de los habituales.

La clave de este tipo de reclutamiento informal reside en limitar la petición a un momento y reunión específicos y no de formular una petición de ayuda vaga y general. Pensar por adelantado cómo enfocar dicha petición también sirve como una forma adicional de preparación, una oportunidad más de practicar el modo de transmitir el mensaje que deseas.

Centrarse

Cuando estamos nerviosos, tendemos a hablar demasiado rápido, a tirarnos a la piscina y dejar que las palabras salgan disparadas de nuestra boca. Esto aumenta la probabilidad de que perdamos el hilo o que olvidemos algún punto esencial que queríamos tocar. El estrés que transmitimos también puede hacer que a los demás les cueste escucharnos porque sienten el efecto de nuestra tensión nerviosa.

Para combatir esta situación, es buena idea adoptar el hábito de centrarnos antes de hablar. La forma más fácil de hacerlo es respirar despacio y profundamente un par de veces antes de hablar. Es un método eficaz porque nos despeja la mente y provoca que esta se deshaga de cualquier distracción, lo que nos permite estar concentrados ante lo que sea que vayamos a decir y ante quienes quieran escucharnos. Disminuir la velocidad de la respiración también reduce el estrés, porque envía señales al sistema nervioso de que estamos relajados. Si eres algo escéptico, intenta respirar profundamente tres veces mientras piensas en otra cosa. No puedes, ya que la respiración te conecta con el aquí y el ahora.

Por otro lado, si no conseguimos estar del todo concentrados cuando hablamos, nuestra capacidad de causar un impacto se ve reducida, porque los demás pueden ver que nuestra cabeza está en otro sitio. Y si nosotros no estamos comprometidos, ¿por qué ellos deberían escucharnos? Una vez más, si eres algo escéptico, ten en cuenta que incluso los bebés se dan cuenta de cuándo estás distraído: intenta calmar a uno mientras estás al teléfono. Los perros también se dan cuenta: trata de adiestrar a uno mientras hablas con un amigo. Hasta los caballos se dan cuenta: prueba a mantenerte sobre la montura mientras te enfureces pensando en lo que alguien acaba de decir.

Si los bebés, los perros y los caballos son capaces de detectar nuestra distracción, ¿cómo no va a hacerlo una sala llena de colegas?

COMPARTIR LA ATENCIÓN

Así como crear una cultura de visibilidad requiere que quienes prefieren no hablar compartan sus ideas, también requiere que quienes disfrutan de la participación redirijan su atención hacia los demás. Ofrecer aliento verbal y apoyar a los colegas o miembros del equipo que tienen el hábito de permanecer callados puede beneficiar al equipo y la organización, así como hacer que ganemos una cantidad considerable de aprecio, que nuestra reputación brille más e incluso que nuestra carrera profesional cambie de rumbo.

Roger acababa de jubilarse como director de operaciones de una importante empresa de telecomunicaciones cuando lo conocí en un retiro profesional en Dubái. Por casualidad había leído un artículo sobre él en la revista de negocios del avión en el que se elogiaba su reputación como defensor de primera del talento femenino. Él mismo había sido mentor de tres mujeres que habían llegado a ocupar puestos directivos en empresas internacionales.

Durante un almuerzo, le pregunté a Roger qué lo había hecho convertirse en un defensor de las mujeres tan eficaz. Me sorprendió al decir que se había ganado su reputación por accidente.

«Todo comenzó cuando estaba liderando una enorme instalación de cableado que se había convertido en un desastre absoluto», explicó. «Organicé una reunión con los miembros sénior del equipo y parte del personal técnico para ver si podíamos encontrar alguna solución. La intención era hacer un *brainstorming* sin límites en el que todo el mundo propusiera algo».

Roger recorrió la sala pidiendo ideas a los participantes, pero no se estaba proponiendo nada que sirviera demasiado. Al poco le preguntó a Carlene, que era relativamente júnior. «Apenas la conocía, no hablaba demasiado. Pero resultó que había trabajado en un comando de cableado submarino cuando estuvo en la Marina y tenía algunas sugerencias estupendas sobre cómo podíamos cambiar nuestro enfoque».

Cuando Carlene terminó de compartir lo que sabía, Roger preguntó a los demás si tenían algún comentario. «Imaginé que la mayoría vería el valor de lo que ella acababa de decir. Pero los hombres la ignoraron por completo o comenzaron a enumerar todos los motivos por los que era imposible que sus sugerencias funcionaran. Y no es así como funciona un *brainstorming* sin límites».

Tras un par de rondas, Roger concluyó la reunión diciendo que, a menos que alguien tuviera una idea mejor, el equipo probaría la sugerencia de Carlene.

«Entonces uno de los hombres soltó una risita y dijo: "Ah, ya veo. Resulta que ahora somos políticamente correctos".

»No podía creerlo. Le respondí: "Bueno, quizás me he perdido la parte en la que tú dabas una idea mejor. ¿Te gustaría compartirla con nosotros?".

»El hombre parecía mortificado, y yo pensé "qué demonios", pero la verdad es que estaba muy sorprendido. Se suponía que estábamos operando bajo la idea de que éramos "un equipo", pero estaba claro que a algunos no les había quedado claro».

Después de la reunión, Carlene se acercó a Roger para darle las gracias por apoyarla públicamente. «Es la quinta vez que hablo en una de esas reuniones, pero la primera que alguien parece escucharme. Agradezco mucho que lo haya llevado como lo hizo».

Resulta que la sugerencia de Carlene fue el primer paso para salir del callejón sin salida en el que se habían metido y la iniciativa de cableado terminó siendo todo un éxito. Para sorpresa de Roger, la historia de su intervención se extendió como un incendio. «Cuarenta y ocho horas después, parecía que todas las mujeres de nuestra fuerza laboral de noventa mil personas habían oído que yo había hablado a favor de Carlene», me contó. «De la noche a la mañana, había ganado esta reputación de gran defensor de las mujeres. Las mujeres comenzaron a pedir formar parte de mi unidad y decían que querían trabajar para mí. Todo eso porque me había plantado en esa reunión y había respaldado la sugerencia de Carlene».

El incidente terminó siendo muy beneficioso para Roger, porque, un par de años más tarde, la empresa hizo un gran esfuerzo para posicionarse como el empleador preferido de las mujeres. Le pidieron a Roger que hablara en la primera conferencia de liderazgo femenino de la empresa y algunas de las mujeres más talentosas de la empresa lo eligieron como mentor.

A medida que las mujeres ascendían en la empresa, también lo hacía Roger. Dirigir su atención hacia Carlene resultó ser la mejor jugada profesional que pudo hacer.

3

SEGUNDO DETONANTE: CONTROLAR LAS PERCEPCIONES

Nos elevamos juntos cuando no damos ni más ni menos importancia de la necesaria a lo que piensan los demás

Quizás la pregunta que las mujeres me hacen con mayor frecuencia en mis seminarios sea una variación de lo siguiente:

«¿Cómo puedo presentar mis logros/llevarme el mérito por mis triunfos sin que los demás piensen que soy egocéntrica/agresiva/demasiado ambiciosa?».

Jamás he oído esa pregunta formulada por un hombre.

Olvidemos que las mujeres que preguntan eso se han inscrito en un programa de liderazgo, por lo que podríamos suponer que, en mayor o menor medida, son ambiciosas. Y que la mayoría de ellas ya saben por experiencia propia que perseguir sus metas con intencionalidad (una buena definición de ambición) ha sido fundamental en la consecución de sus logros hasta el momento.

Lo que temen es ser percibidas como ambiciosas, agresivas o egocéntricas. A menudo hasta tal punto que ello contradice sus verdaderos logros.

Piensa en cómo lo expresan: «...sin que los demás piensen que...».

¿Los demás? ¿Todos? ¿De verdad? ¿Es eso posible? ¿Y por qué importa tanto lo que piensen?

En su emblemático libro *Necessary Dreams* (*Sueño Necesarios*)[1], la psiquiatra Anna Fels señala que una parte considerable de la clientela de las principales socias de bufetes de alto rango y bancos de inversiones de Nueva York, solían comenzar la primera visita informándole de que ellas no eran «ambiciosas». Solo se habían esforzado mucho y habían tenido mucha suerte.

Ahora bien, cualquiera que haya pasado cinco minutos en un ambiente como el de esas empresas puede reconocer que esa es una afirmación bastante dudosa. Esos ambientes duros y centrados en el carisma y la personalidad requieren de la ambición y la premian. Una no llega a ser socia sin desearlo de todo corazón, posicionarse estratégicamente y trabajar hasta la extenuación durante jornadas eternas. Incluso para que te contraten en una de esas empresas necesitas tener una dedicación feroz, cierta agresividad competitiva y estar dispuesta a hacer sacrificios para alcanzar tu meta.

Sin embargo, ¡estas mujeres extraordinariamente exitosas sentían tal rechazo ante la idea de que alguien pensara que eran ambiciosas que intentaban negárselo incluso a su psiquiatra!

Desde luego, muchas cosas han cambiado desde 2004, cuando el libro de Anna fue publicado, entre ellas el movimiento *MeToo* y una cascada de «primera vez en la historia que...» en lo referido a los logros conseguidos por mujeres líderes. Así que decidí preguntarle a Anna si sus hallazgos seguían siendo vigentes.

Por fortuna, dijo que la situación había cambiado para muchas de sus clientas, aunque no para todas. «Para las mujeres más jóvenes, la ambición ya no es algo que las marque de forma negativa e indeleble», señaló. Pero resaltó que su experiencia directa estaba relacionada principalmente con mujeres muy exitosas que trabajan en empresas sofisticadas con sede en Nueva York. «No estoy segura de cómo de diferente es en otras partes del país, o del mundo».

Lo que quiero decir es que el progreso en este frente sigue siendo tremendamente desigual.

En muchas organizaciones, sobre todo aquellas que operan fuera de las principales áreas metropolitanas o pertenecen a culturas que tradicionalmente han valorado mucho la modestia femenina, tanto las mujeres como otros grupos que no suelen formar parte de la corriente dominante en materia de liderazgo, siguen manifestando su temor a ser consideradas demasiado asertivas o ambiciosas ante el riesgo de labrarse una mala reputación. El resultado es que acaban dedicando una gran cantidad de energía a intentar controlar las percepciones de los demás.

Por parte de quienes forman parte del grupo dominante, intentar controlar las percepciones de los demás también puede actuar como detonante, pero ello se manifiesta de otra manera y son otras las preocupaciones que lo provocan, como veremos más adelante en este mismo capítulo. Entender cómo operan estos dos extremos del espectro de la percepción, así como las consecuencias que tienen para nosotros y nuestros compañeros de trabajo, puede ayudarnos a colocar en el lugar indicado a nuestras preocupaciones sobre el «qué dirá la gente».

EL DOBLE VÍNCULO

No debemos esforzarnos demasiado para entender el motivo por el que los detonantes relacionados con la percepción funcionan de manera diferente. Lo cierto es que es muy probable que las mujeres, al igual que las personas de color, hayan sido criticadas por conductas que son constantemente aceptadas cuando provienen de hombres que pertenecen al grupo dominante.

Esta disparidad es lo que se conoce como el doble vínculo (del inglés *double bind*), una trampa en la que pierdes si haces algo y pierdes si no lo haces, y que no ofrece ninguna salida intuitiva.

- Si no eres fuerte y clara a la hora de dar tu opinión, creen que te falta garra y potencial de liderazgo...
  ...pero si lo eres, entonces te consideran prepotente.
- Si intentas construir relaciones que mejoren tu progresión y fortalezcan tu posición, te juzgan por ser maquiavélica...

...pero si no lo haces, te hacen de menos por no ser «una jugadora».

- Si hablas de tus contribuciones individuales, consideran que no sabes jugar en equipo...

    ...pero siempre te pasan por alto cuando llega el momento de los ascensos porque las personas no son conscientes de todo lo que has logrado.

Hay estudios que confirman que este dilema es un fenómeno muy extendido. Muchos de ellos observan que, si bien un hombre que es asertivo y ambicioso tiene potencial para liderar, esos mismos atributos a menudo se perciben de forma negativa en las mujeres y dan lugar a esos viejos estereotipos de las mujeres mandonas y chillonas. Y si bien la capacidad de mostrar emociones suele ser interpretada como una prueba de la pasión y el compromiso de un hombre, las mujeres que defienden sus creencias e ideas con firmeza por lo general son consideradas «demasiado emocionales»[2].

Las mujeres con las que trabajo describen versiones retorcidas y delirantes de cómo este doble vínculo se manifiesta en sus propias vidas laborales.

En palabras de una ingeniera aeroespacial que trabaja en la industria de defensa:

En una reunión contradije a un colega cuando malinterpretó los datos que yo había elaborado. Nuestro líder de equipo me regañó ahí mismo por hablar fuera de turno. Más tarde continuó reprendiéndome por socavar la armonía del equipo. Incluso se sacó de la manga ese cliché de que «no existe el "yo" en un equipo». Me molestó porque toda la reunión había sido conflictiva y varios de los hombres no dejaron de desafiarse entre ellos. El tono imperante no parecía importarle a nuestro líder de equipo hasta que yo presenté mi objeción. Supongo que no podía lidiar con una discusión respaldada por hechos si es que venía de una mujer.

En palabras de la socia de un bufete de abogados sueco:

Me pidieron que contribuyera a una presentación para un cliente. Sabía que el cliente solo prestaba atención durante períodos cortos, así que me preparé para ser concisa. Mi segmento era el más corto del día con una diferencia de casi quince minutos. Sin embargo, durante la cena posterior, varios de mis colegas hombres comenzaron a burlarse diciendo que yo no había dejado de hablar. Uno dijo «sonabas como mi esposa cuando le pregunto cómo le ha ido el día. Me responde con toda esa letanía cuando un simple "bien" habría sido suficiente».

En palabras de una gerente de comunicaciones de una empresa de transportes del Reino Unido cuya familia había emigrado del Caribe:

Estábamos en un ayuntamiento y pedí a uno de nuestros ejecutivos que aclarara un punto con un ejemplo. Más tarde se me acercaron dos personas y me dijeron: «Parecías bastante enfadada». Me lo dicen mucho, eso de la mujer negra enfadada. Si desafío a alguien, las personas siempre dan por hecho que tengo alguna queja, que suelen atribuir a una cuestión racial. La mayoría de mis colegas intentan ser sutiles con eso, pero a veces está más claro que el agua.

LO QUE NO PODEMOS CONTROLAR

Tuve la oportunidad de trabajar con Simone, la gerente de comunicaciones que intentaba luchar contra la etiqueta de la «mujer negra enfadada».

Tras describir una serie de experiencias, le pregunté qué había hecho para lidiar con eso.

Me respondió: «Básicamente, me esfuerzo mucho por demostrar que no soy una persona que se enfade demasiado. Esto significa que a veces no digo nada, incluso cuando sé que debería. Las cosas se complican cuando intento hacerme valer, así que tiendo a evitar hacerlo. Y probablemente ceda con demasiada facilidad. ¡A veces termino disculpándome por cosas que ni siquiera he dicho!».

¿Cómo le estaba resultando ese enfoque?

«Bueno, por el lado positivo, ya no escucho tanto eso de que estoy enfadada. Así que supongo que en ese sentido es útil. Por otro lado, me esfuerzo tanto por no decir nada que un compañero o cliente podría creer que soy mucho menos eficaz de lo que en realidad soy. Así que es como que me camuflo en el trabajo en lugar de exponerme».

Le sugerí a Simone que pensara si no estaba priorizando algo que no podía controlar (las percepciones de los demás) sobre algo que sí podía controlar, como estar involucrada al máximo en su trabajo. No había ninguna duda de que algunos de sus colegas eran insensibles y estaban atascados en una mentalidad anticuada. Quizás no habían tenido demasiada experiencia trabajando con personas de culturas diferentes. O quizás hayan crecido en entornos donde los prejuicios se daban por hecho.

¿Había alguna iniciativa que ella pudiera llevar a cabo para cambiar eso?

«Lo he pensado», confiesa. «Pero no me veo presentando una queja porque alguien me ha dicho "pareces enfadada". También me planteé hacer una publicación en redes sociales, pero una amiga mía fue por ahí y acabó siendo un desastre. Claro que podría hablar con recursos humanos sobre la posibilidad de organizar un seminario sobre estereotipos, eso podría ser útil. ¡Quizás haya personas aquí que ni siquiera sepan que "la mujer negra enfadada" es un estereotipo!».

Tras explorar las ventajas y desventajas de una confrontación, Simone decidió investigar posibles seminarios que podría recomendar a su empresa. Pero el gran aprendizaje fue su decisión de pasar menos tiempo concentrada en lo que las otras personas pensaban. Simone señaló: «La mitad de las veces es pura ignorancia. Supongo que lo cierto es que puedo jugar un papel en el cambio de la cultura, pero no puedo cambiarla yo sola. Así que abstenerme de contribuir con la esperanza de probar que no soy una persona que vive enfadada no es el camino indicado».

Si Simone pudiera liberarse del temor de ser percibida como una persona llena de ira, ¿hacia dónde dirigiría esa energía?

«Me concentraría en hacer mi trabajo lo mejor posible sin cuestionármelo todo. No dejaría que los comentarios tontos me frustraran. Construiría relaciones que les dieran a los demás la oportunidad de conocerme. Me posicionaría de manera tal que todo lo que tengo para ofrecer resultara visible. Desarrollaría mis habilidades. Hablaría con claridad cuando tuviera algo importante que decir».

Desde luego, no es *justo* que Simone tenga que lidiar con este tipo de conductas atrasadas, y ese es un tema que veremos en mayor profundidad en el capítulo seis. Pero esta es la situación en la que se encuentra ahora. Es probable que para abordar la cultura de esa empresa británica de transportes fundada hace más de ciento cincuenta años necesite alcanzar una posición más relevante de la que tiene en este momento. Y es más probable que consiga ese poder (y supere el doble vínculo) si se muestra con más intensidad en su trabajo que si esconde la cabeza debajo del ala para intentar evitar percepciones estereotípicas y erróneas.

En palabras de Michelle Obama cuando se la atacó con ese estereotipo trillado de la «mujer negra enfadada»: «Ante sus golpes bajos, yo apunto alto». Y parte de ese apuntar alto es centrarnos en lo que podemos controlar.

Terry Jackson, un *coach* de liderazgo que trabaja en Carolina del Norte, manifiesta que los hombres negros también suelen sufrir ese estereotipo.

«Lo veo con mis clientes, y lo he percibido yo mismo cuando participaba de la vida corporativa», confiesa. «En una empresa, tuve un jefe afroamericano que me veía como una persona entusiasta y apasionada. Pero luego siguió ascendiendo y fue remplazado por un hombre blanco. Lo primero que ese hombre me dijo después de una reunión fue "pareces muy enfadado". Llegué a la conclusión de que era su problema, no el mío, y no perdí tiempo intentando probar que se equivocaba»[3].

¿QUÉ SE NECESITA PARA CAMBIAR LA OPINIÓN DE ALGUIEN?

Una razón por la que intentar controlar las percepciones es problemático es que le quita a los demás la oportunidad de cambiar la opinión que tienen sobre nosotros. En nuestra ansiedad por asegurarnos de que *nadie* piense que somos demasiado agresivos, demasiado ambiciosos, estamos demasiado enfadados, demasiado... (completa la frase como quieras), nos olvidamos que cualquier persona que no esté ideológicamente comprometida con una valoración negativa puede cambiar de opinión si le damos algo de tiempo.

Esto es algo que aprendí al principio de mi carrera, cuando trabajaba en comunicación corporativa. Un día estaba en una reunión en la que era la única mujer presente, y la persona más júnior de la sala, así que sentía que la situación me superaba. Pero como el tema que estábamos discutiendo estaba dentro de mi área de especialización, me armé de valor y levanté la mano para ofrecer una idea que había estado considerando.

Nadie respondió. Era como si yo no hubiera hablado. Un silencio bochornoso se extendió sobre la sala. Solo se rompió cuando uno de los mandamases del equipo sugirió algo que no tenía nada que ver con lo que yo había propuesto. Me sentí desanimada, aunque no particularmente sorprendida.

Más tarde, cuando estábamos saliendo de la reunión, Fred, el jefe de mi jefe, se me acercó por detrás y murmuró en tono sarcástico: «¡Vaya! Tú sí que no tienes miedo a compartir tu opinión».

Estaba atónita. Fred nunca me había dirigido la palabra. Ahora había conseguido caerle mal. No podría haberme sentido más abatida. Pero, por algún motivo, no respondí de la manera que era usual para mí en ese entonces.

No me disculpé ni me rebajé: «Ah, lo siento, quizás no debería haber dicho nada... (*por favor, sepa disculparme, Su Alteza*)».

Tampoco me puse a la defensiva: «¡Estoy en todo mi derecho a dar mi opinión!».

En lugar de eso, me escuché decir simplemente: «No. No lo tengo».

Mientras Fred se alejaba protestando por lo bajo, yo pensé: *Bueno, estoy frita. El jefe de mi jefe cree que me he pasado de la raya.* Imaginé que lo mejor que podía hacer era comenzar a buscar otro empleo, porque estaba claro que no llegaría a ningún sitio dentro de esa empresa.

Pero no ocurrió nada. Pasó el tiempo. Estuve en algunas reuniones en las que Fred estaba presente e hice alguna aportación cuando tenía algo que aportar. Después de todo, no tenía nada que perder. Como de todas formas era muy probable que me fuera, ¿por qué debía quedarme callada?

Luego, un día, uno o dos meses más tarde, caminando por uno de los pasillos, oí que Fred estaba hablando con un colega en una de las salas contiguas.

«¿Sabes qué me gusta de Sally?», le escuché decir. «No tiene miedo de decir lo que piensa».

No podía creer lo que estaba oyendo. Parecía aprobar la misma cualidad por la que antes me había criticado con tanta dureza.

Me llevó un tiempo entender qué era lo que había ocurrido. Como había respondido a su ofensa de manera neutral y había perseverado en lugar de intentar controlar lo que él pensaba, le había dado el tiempo y el espacio para acostumbrarse a mí y reajustar su valoración.

Como resultado, había conseguido ganarme su aceptación a mi manera. Lo único que hizo falta fue un poco de tiempo. Y la disciplina suficiente para contenerme y no intentar controlar las percepciones de Fred.

UNO DE LOS BUENOS

Por regla general, los hombres que forman parte del grupo dominante no necesitan lidiar con el doble vínculo. Rara vez son criticados por ser ambiciosos o alardear de sus logros, así que esa parte de la ecuación, en la que pierdes si haces algo, no aplica. Claro que hay hombres que evitan escrupulosamente cualquier cosa que pueda sugerir algún tipo de autopromoción. Pero eso suele ser porque son introvertidos o fueron criados en una cultura que valora la deferencia. Incluso en organizaciones dominadas o encabezadas por mujeres, la ambición y la asertividad masculinas tienden a ser aceptadas y percibidas como prueba de su seguridad o de esa comodidad envidiable respecto al poder que ostentan.

Pero esto no significa que los hombres no tengan problemas con la gestión de las percepciones. A medida que las organizaciones se vuelven más internacionales y la fuerza laboral es cada vez más diversa, las reglas del juego no dejan de cambiar. Como resultado, los esfuerzos genuinos de algunos hombres por ser percibidos como uno de los buenos pueden salir muy mal y crear el tipo de respuesta negativa que esperaban evitar.

Hace poco estaba escuchando la presentación de un director ejecutivo de una empresa de atención médica que es considerado por muchos como un líder inclusivo e inspirador. Arthur es conocido por haber ascendido a muchas mujeres a posiciones sénior y por ser un defensor activo de la diversidad en su empresa. Tanto en su sector como en la prensa corporativa, Arthur es visto como uno de los buenos.

La ponencia de Arthur, parte de una gran conferencia de salud, figuraba como una presentación sobre liderazgo que se enfocaría en las prácticas que lo habían hecho un hombre exitoso. Al llegar a la sede de la conferencia, se sentía cómodo como siempre, pero se sorprendió al descubrir que la mayor parte de su público eran mujeres. Como su charla estaba dirigida a las personas con puestos más sénior de la conferencia, había dado por hecho que estaría hablando principalmente frente a hombres.

Mientras esperaba que llegara el momento de subir al podio, Arthur comenzó a cuestionar lo que había preparado. ¿Y si las mujeres no se identificaban con sus historias? ¿Y si veían el liderazgo como un tema masculino? Recordaba haber leído algo al respecto. En el último momento, decidió cambiar el enfoque de su presentación. Al no tener nada muy específico en mente, Arthur terminó dedicando una parte considerable del tiempo que pasó frente al público hablando sobre su esposa.

Habló de lo brillante que era. Alabó su perspicacia y buen juicio. Señaló que siempre le pedía su consejo cuando debía tomar una decisión importante y confesó que en realidad ella era mejor líder que él y que probablemente ella fuera quien debería estar dando la presentación en lugar de él. El único motivo por el que no era así, dijo, era que ella «había elegido quedarse en casa con los niños».

Estaba claro que Arthur había decidido que la mejor forma de conectar con su público mayormente femenino era alagar exageradamente a la mujer que mejor conocía. Desde luego, esto dio lugar a una serie de preguntas. ¿Cómo podía ser que a estas alturas de la historia (era 2020, justo antes de que se cancelaran los eventos presenciales) no reconociera que una presentación sobre liderazgo *en el sector de la salud* podía atraer a muchas, incluso una mayoría, de mujeres? ¿Y por qué había imaginado que tener mujeres en el público requería un ajuste de lo que iba a decir?

Me pregunté si las asistentes a la charla estaban tan sorprendidas como yo. Así que durante el almuerzo que hubo luego, hice una encuesta informal con tantas como pude.

Las impresiones fueron mordaces.

«Supongo que habla tan poco con mujeres que no tiene ni idea de qué decir».

«Sonaba como si su esposa fuera la única mujer a la que conoce, lo cual es una lástima, porque tiene una buena reputación».

«Me pareció muy altivo. Todo eso que decía sobre lo inteligente que es su esposa. ¿Cree que eso es algo tan inusual en una mujer?».

«Cuando dijo eso de que su esposa "elegía" quedarse en casa con los niños, ¿fue su forma de decirnos que nosotras no somos buenas madres? No sé cuál habrá sido su intención, pero dejó muy claro qué es lo que piensa de las mujeres que persiguen activamente una carrera profesional. ¡Lo que desde luego incluye a la mayoría de las mujeres que estaban presentes en el público!».

Para buscar un equilibrio, le pregunté a un colega hombre cuál había sido su impresión. «Bueno, supongo que Arthur adaptó el contenido de la presentación debido a todas las mujeres que había en la conferencia. Pero me imagino que a las mujeres les encantó escucharlo hablar de su esposa».

No demasiado.

A decir verdad, la reticencia de Arthur a hablar sobre liderazgo debido a la presencia de tantas mujeres terminó por alienar a una gran parte de su público. A pesar de las buenas intenciones, su evidente sorpresa hizo que pareciera que no tenía idea sobre las personas que estaban en la sala y que se creía de algún modo superior a ellas.

También lo hizo parecer viejo, sobre todo para los *millenials* presentes, tanto hombres como mujeres. Para sorpresa de nadie, el estilo de vida salido de una *sitcom* de los años cincuenta que estaba describiendo —la mujer en casa, el torpe marido que pone el pan en la mesa— les pareció anticuado.

Hay que reconocer que Arthur se dio cuenta de que las cosas no habían salido bien y pidió ayuda a una asesora. Ella le sugirió que, de ahora en adelante, diera por hecho que en cualquier conferencia o incluso reunión a la que fuera a asistir habría una cantidad significante de mujeres presentes. Y que estarían interesadas en el mismo tipo de ideas que los hombres.

La asesora también le recomendó a Arthur que adoptara la costumbre de compartir con algunas mujeres lo que iba a decir antes de una presentación importante. Señaló que si hubiera hecho una prueba previa de la charla que terminó dando en el congreso con una colega, ella probablemente le habría dicho «no hables de lo maravillosa que es tu esposa. Los hombres lo hacen todo el tiempo. La mayoría de las mujeres sienten que es demasiado complaciente. Además, la forma en la que lo haces es insultante. Está claro que tienes un sistema de apoyo que te permite despreocuparte de lo que sea que ocurra en tu hogar. La mayoría de las mujeres del público no tendrán eso. Así que básicamente las estás regañando por no ofrecer un apoyo fundamental a sus familias mientras les restriegas en la cara el hecho de que sus familias son menos privilegiadas que la tuya».

COMPORTAMIENTOS NO TAN BUENOS

Arthur consiguió cambiar su enfoque porque entendió que convertirse en un mejor orador frente a un público femenino era una parte esencial de su reputación como líder. Pero no todos los hombres que ocupan puestos de poder están tan dispuestos a adaptarse. Quizás rechazan la idea de tener que controlar las percepciones porque creen que no es parte de su trabajo. O quizás sientan que negarse a adaptarse es una prueba de su integridad y resistencia.

Jeffrey Hull, *coach* de liderazgo y autor residente en Ámsterdam, cuenta que algunos de los clientes varones con los que trabaja se frustran al recibir la mera sugerencia de ser más conscientes de cómo son percibidos. Así lo explica: «Algunos de ellos están acostumbrados a que no les importe lo que piensan los demás. Han tenido mucho éxito y no creen que deban gastar tiempo ni energía en adaptarse a un entorno cambiante. Me dicen "sé que debería ser más sensiblero y desarrollar ese tipo de habilidades blandas porque hoy en día hay de todo en el lugar de trabajo. Pero básicamente lo que yo creo es que es una moda pasajera. Todos se hacen los políticamente correctos. Y yo no me lo creo"».

Jeff señala que los hombres que tienen esta actitud suelen ver la idea de volverse más flexibles como dejar que otras personas —mujeres u otras minorías— dicten los términos de su participación. «Estos hombres suelen ser muy competitivos, lo que significa que intentan sumar puntos con cada interacción. Si no salen ganando, sienten que han perdido. Además, saben que las mujeres suelen destacar en el tipo de habilidades blandas que a ellos les hacen falta. No quieren admitir que esas habilidades tienen valor porque temen que eso les dé una ventaja a las mujeres».

Jeff también observa que, para ser más flexibles, deberían adoptar conductas que rara vez practican y no se les dan muy bien. «La humildad no forma parte de su caja de herramientas, y hacer algo diferente los pone incómodos. Esto es normal, todos nos sentimos incómodos cuando probamos algo nuevo. A nadie le gusta hacerlo, pero así es como crecemos y nos desarrollamos. Los hombres que están atascados en esa mentalidad necesitan reconocer que negarse a crecer es una estrategia profesional cada vez peor»[4].

CÍRCULO DE PREOCUPACIÓN, CÍRCULO DE CONTROL

A menudo me he dado cuenta de lo importante que es distinguir entre lo que nos preocupa y lo que podemos controlar. El concepto proviene del gran superventas *Los 7 hábitos de la gente altamente efectiva* de Stephen Covey[5]. Este libro emblemático se basó en dos temas divergentes de la literatura de autoayuda: el énfasis que se ponía a principios del siglo XX en fortalecer el carácter y el énfasis más reciente en ser exitoso, tanto en el trabajo como en nuestra comunidad.

Entre las muchas herramientas útiles que Covey presentó a sus lectores había una ilustración de dos simples círculos a los que les colocó las etiquetas de círculo de preocupación y círculo de influencia. Dentro de nuestro círculo de preocupación se encuentran todas las cosas que nos importan: nuestra familia, colegas y amigos, el lugar de trabajo y el mundo en general. Dentro de nuestro círculo de influencia se encuentran todas las cosas que podemos controlar: las acciones que llevamos a cabo, las palabras que decimos, nuestras respuestas a las oportunidades y los reveses.

Covey observó que, cuando estos círculos están desalineados, cuando estamos tan preocupados por lo que no podemos controlar que no le prestamos la atención suficiente a lo que sí, terminamos perdiendo el tiempo, malgastando nuestra energía mental y emocional. En contraste, cuanto más se superpongan los círculos de preocupación y control, más «altamente efectivos», y felices, seremos.

Distinguir dónde se superponen nuestros círculos y dónde no, es de particular utilidad cuando se trata de controlar percepciones, por el simple hecho de que, en definitiva, no podemos decidir sobre lo que piensan los demás. Simone, de la empresa de transporte del Reino Unido, puede hacer todo tipo de equilibrios para intentar no desafiar nunca a sus compañeros, pero no puede controlar a aquellos que ya vengan predispuestos a asociar cualquier indicio de asertividad en una mujer negra con la ira. Es por eso que lo mejor que puede hacer es ocuparse de las cosas que sí puede controlar:

- Dar lo mejor de sí.
- Hacer todo lo posible por asegurarse de que sus contribuciones no caen en saco roto.
- Dar su opinión de forma honesta y útil, incluso cuando esta no sea percibida como agradable.
- Mantener una actitud entusiasta pero sensata que la ayude a sobrellevar los momentos más complicados.

Arthur también se habría beneficiado de tener un mejor alineamiento entre su círculo de preocupación y su círculo de influencia. Al verse sorprendido por la cantidad de mujeres en el público, podría haber decidido de inmediato que lo mejor era concentrarse en lo que podía controlar: dar la presentación que había preparado con calma y fuerza, con humildad y humor. En lugar de eso, concentró sus esfuerzos en intentar asegurarse de que sus oyentes femeninas lo vieran como a uno de los buenos.

La verdad es que lo que sea que los demás piensen de nosotros no suele ser de nuestra incumbencia. Si un compañero o una compañera de trabajo elige guardarnos rencor, que así sea. Con el paso del tiempo, quizás reconsidere su opinión, como lo hizo Fred, el jefe de mi exjefe. Pero por el momento, no es algo que podamos controlar, así que debemos soltarlo. Hacerlo requiere disciplina y distancia, lo cual debo admitir que no es poca cosa. Pero nos ofrece el camino más efectivo para sortear las trampas del doble vínculo.

4

TERCER DETONANTE:
CONFIANZA Y APTITUD

*Nos elevamos juntos cuando distinguimos entre el exceso
de confianza y la aptitud*

La mejor historia sobre la confianza que he escuchado es la de
Alan Mulally[1], exdirector ejecutivo de la Ford Motor Company,
en su primera reunión con el equipo ejecutivo sénior. Basándose en
la reputación que Alan tenía como líder fuerte que destacaba por
incentivar el trabajo en equipo durante su larga carrera en Boeing,
Bill Ford lo habría reclutado para su empresa en 2006. Era la primera vez que algo así se veía en esa cultura en la que ser «un hombre
de coches» de toda la vida había sido tradicionalmente el mayor
galardón y la principal prueba de credibilidad. Todos los directores
ejecutivos anteriores habían trabajado toda la vida en la empresa.

Mulally, por el contrario, se autodenominaba un hombre de aviones y a menudo firmaba su nombre con un pictograma chino de su
cara sobre un avión que él mismo había dibujado. Al principio se
había resistido a aceptar la posición más alta dentro de una empresa
que era famosa por evaluar el talento según el conocimiento y la experiencia automotriz. Pero Bill Ford había sido muy insistente y había
reconocido que los profundos conocimientos de la empresa no habían
bastado para prevenir que perdiera participación en el mercado y
acumulara una deuda de dieciocho mil millones de dólares.

La primera reunión de Alan con el equipo ejecutivo de Ford —los generales y coroneles, como siempre se los había conocido— tenía el potencial de ser bastante tensa. Y, efectivamente, poco después de presentarse y compartir su pictograma, alguien le hizo una pregunta muy técnica a Alan diseñada para poner a prueba su talento como hombre de coches.

Los directivos allí reunidos contuvieron la respiración.

Alan dio las gracias al que le formuló la pregunta. Luego señaló que, como venía de otra industria, no tenía los conocimientos necesarios para responderla, y reiteró el hecho de que él había dedicado su carrera a la industria aeroespacial.

Podemos imaginarnos el asombro de los participantes de la reunión. El nuevo director ejecutivo de la empresa con la que Henry Ford había transformado el mundo estaba admitiendo públicamente que no podía responder una simple pregunta porque su carrera no lo había preparado para hacerlo.

Entonces Alan observó que, si bien él no podía responder, Ford estaba repleta de expertos de la automoción brillantes y experimentados que sí podían hacerlo. Su trabajo no era dar respuestas, sino crear un entorno que permitiera al equipo de Ford identificar e implementar soluciones que pudieran devolver a la empresa la rentabilidad y la grandeza.

¿Cuántos directores ejecutivos reconocerían en la primera reunión con el equipo directivo de su nueva empresa que no saben la respuesta a una pregunta vital porque su experiencia no los ha preparado para conocerla? ¿Y cuántos lo dirían con tanta sencillez y claridad, sin ser fanfarrones ni ponerse a la defensiva?

Pero Alan podía responder de esa manera porque tenía la confianza suficiente para no dejarse provocar e intentar demostrar una aptitud que sabía que no poseía. Además:

- Entendió que intentar ganarse el respeto basándose en cualificaciones que no tenía era una causa perdida.
- No temió que demostrar su humildad pudiera hacerlo parecer débil.

- Reconoció que no podía controlar lo que los demás pensaran (sus círculos de influencia y preocupación estaban alineados).
- Confió en que la experiencia que sí tenía le fuera a reportar buenos resultados.

LA MEDIDA JUSTA

Ser humildes al admitir nuestras limitaciones con honestidad y mostrar que tenemos un sentido acertado de lo que somos se hace cada vez más difícil cuanto más altas o visibles sean las posiciones que ocupamos. Nuestra cultura de negocios internacional a menudo espera que los líderes sean héroes o salvadores omniscientes, así que recibimos el mensaje de que, si dejamos ver algún hueco en nuestra armadura, los demás podrían pensar que no merecemos el poder que nos ha sido otorgado. Como resultado, puede que nos dé tanto miedo parecer vulnerables o poco capacitados que terminamos mostrándonos como algo que no somos.

Esto no solo es cierto al nivel de los puestos directivos. Muchos de nosotros asociamos ser humildes con exponernos a la humillación. Así que nos vemos tentados a simular que tenemos conocimientos de los que carecemos.

Las respuestas de ese tipo no nos benefician y es muy poco probable que conlleven resultados positivos, en parte porque socavan nuestra capacidad de sentirnos cómodos con nosotros mismos. En contraste, Alan confiaba en que las habilidades que había perfeccionado y que lo hacían capaz de crear una cultura en la que personas con talento pudieran trabajar creativamente y en equipo podían hacerlo triunfar en el puesto más alto de Ford.

También evitó caer en la trampa frecuente de creer que, por tener conocimientos en un área, también era un experto en todas las demás.

El coach Jeffrey Hull llama a esto «la falacia de la omnipotencia» y lo describe como uno de los mayores peligros del éxito descomunal. En palabras de Hull: «La gente tiende a extrapolar. Piensan:

"Soy un médico de urgencias estupendo, así que puedo dirigir este hospital sin problemas. Es pan comido para alguien con mis habilidades". Olvidan que sus habilidades, por más fabulosas que sean, no tienen casi nada que ver con el trabajo al que aspiran. ¿Por qué? Porque tienen poca noción de sus propias limitaciones».

Este tipo de mentalidad de quien cree tener todas las habilidades habidas y por haber demuestra una falta de autoconciencia, añade Hull, y señala que su trabajo como *coach* consiste en ayudar a sus clientes a verse a sí mismos de manera más realista. «Necesitan llegar a estar cómodos mostrándose tal y como son, con sus habilidades, defectos, debilidades y fortalezas. El paquete completo. Para que eso ocurra, necesitan aceptar la idea de que destacar en algo no significa que vayan a destacar en todo».

Hull concluye: «Tener la humildad necesaria para aceptarlo te hace más humano, porque estás siendo vulnerable. Sueltas la carga de intentar probar que eres algo que no eres. Las personas evitan hacerlo, pero por lo general supone un gran alivio, para ellas y para quienes las rodean. Porque quienes carecen de humanidad no inspiran confianza».

TENER LO QUE HACE FALTA

Cuando cuento la historia de Ford a grupos de mujeres, siempre hay una que objeta. «Bien, me alegro mucho por Alan Mulally. Pero él es un ingeniero varón, blanco y estadounidense. Puede permitirse admitir que no sabe la respuesta y hablar de ser un hombre de aviones en una empresa que fabrica coches. Me gustaría ver qué sucedería si una mujer intentara eso. Si la acabaran de contratar como líder y admitiera que no sabe la respuesta a lo que se supone que debería saber, la despedirían entre carcajadas».

No hay ninguna duda de que demostrar un nivel de seguridad en uno mismo como el de Mulally es más fácil para quienes forman parte del grupo dominante, aunque incluso en ese contexto es inusual, y es por eso que la historia de Ford llama tanto la atención. Aquellos que ya son percibidos como líderes reciben con mayor facilidad el beneficio de la duda por parte de sus colegas y clientes. A menudo depende de ellos perder esa confianza que por defecto despiertan en los demás.

Por el contrario, si somos una persona ajena al liderazgo convencional, por lo general tenemos que luchar contra las percepciones de si tenemos o no «lo que hace falta», ya sea durante evaluaciones de rendimiento, reuniones de evaluación o conversaciones informales.

Por ejemplo:

- «No estoy convencido de que tenga el carácter necesario para liderar».
- «¿Estás segura de que no ha llegado aquí como parte de una cuota de diversidad?».
- «Me atrevería a decir que el nivel de exigencia ha sido menor con ella que con los otros candidatos».
- «Ya sé que tiene un doctorado, pero me gustaría saber sobre qué base se la evaluó».

Dada la prevalencia de ese tipo de dudas paternalistas, no es sorprendente que las mujeres y las personas de color se sientan incómodas al mostrar que carecen de algún conocimiento cuando se encuentran en situaciones en las que tienen mucho que perder, o incluso en las que no. Contar con un historial de tener que lidiar con percepciones negativas hace que sea difícil alcanzar el tipo de soltura y aplomo que Alan Mulally mostró de forma tan convincente.

Además, los que no pertenecen al grupo dominante suelen temer que sus errores dificulten el ascenso de otros miembros de su propio grupo. Así que pueden sentir que no tener todas las respuestas no solo representa un riesgo para ellos mismos, sino también para quienes los siguen.

Esa es una carga muy pesada para sostener sobre las propias espaldas.

ENSEÑANZAS A BORDO DE UN ROMPEHIELOS

Sin embargo, hay maneras en las que las personas que conforman grupos minoritarios pueden establecer su autoridad con elegancia sin tener que fingir que conocen todas las respuestas. Un ejemplo proviene de Sandy Stosz[2], que se retiró de la Guardia Costera de Estados Unidos (USCG) como vicealmirante y fue la primera mujer de la historia en dirigir una de las principales academias militares del país.

Sandy se graduó de la Academia de la Guardia Costera de Estados Unidos, que más adelante dirigiría en 1982, cuando las mujeres conformaban solo el dos por ciento de toda la fuerza. Dados esos números, así como la historia y cultura dominada con orgullo por hombres de la Guardia Costera, no era ninguna sorpresa que algunos líderes sénior creyeran, y expresaran públicamente, que un barco no era lugar para una mujer.

No obstante, Sandy buscaba con entusiasmo poder participar en misiones marítimas y ocupó consecutivamente un par de puestos de alférez a bordo de rompehielos con destino tanto a la Antártida como al Ártico. Los rompehielos son barcos pesados que despejan canales atravesando enormes capas de hielo polar permitiendo así que los barcos con provisiones puedan llevar a cabo sus misiones científicas y de seguridad nacional.

Siendo, inicialmente, la primera mujer a bordo durante esos viajes que duraban meses, y luego solo una de dos, Sandy tuvo que demostrar su valía fortaleciendo sus habilidades, fijándose metas de alto rendimiento para sí misma, siendo un miembro del equipo en quien se podía confiar y manteniendo una actitud profesional en todo momento. En sus propias palabras, aprendió que «el mejor antídoto contra los prejuicios es demostrar competencia a través del rendimiento y la presencia profesional».

Su primera misión de mando fue en el rompehielos *Katmai Bay*, con puerto base en Sault Sainte Marie, Míchigan, y el objetivo era despejar los canales para los enormes buques mercantes que suelen navegar por los Grandes Lagos y ríos de la región, frecuentemente congelados. Hasta ese momento, ninguna mujer había comandado un barco de la Guardia Costera en los Grandes Lagos, y la tripulación estaba compuesta por hombres en su totalidad. Poco antes de que le asignaran esta misión, Sandy había servido como asesora del secretario de Transporte de los Estados Unidos. Cuando se enteró de que él asistiría a la ceremonia de traspaso del buque a su mando, Sandy se alegró mucho.

Dada la presencia del miembro del gabinete de los Estados Unidos responsable por la Guardia Costera, Sandy había supuesto que los altos mandos de la Guardia Costera tendrían ganas de asistir a la ceremonia, pero la realidad resultó ser todo lo contrario. En su primer día de trabajo, su nuevo supervisor le informó que ella no era «más que la rubia favorita del secretario» en lugar de la experimentada tripulante de rompehielos con varios viajes polares en su haber que era en realidad. El supervisor prosiguió a advertirle que la estaría poniendo a prueba todos los días para asegurarse de que estuviera a la altura del trabajo, algo de lo que claramente dudaba y no veía la hora de desmentir.

Sus constantes técnicas de intimidación crearon un clima de inquietud a bordo del barco, lo que Sandy atribuyó a la confusión de que la tripulación la viera hacer las cosas bien mientras su supervisor no dejaba de reprenderla. Sin embargo, a pesar de las críticas, la confianza de Sandy aumentó durante su mando. Esto sucedió por tres motivos.

El primero es que tuvo muchísimas oportunidades de poner a prueba las competencias que tanto se había esforzado por desarrollar en misiones anteriores, no solo a bordo de los rompehielos, sino también en misiones de seguridad y rescate de la Guardia Costera.

El segundo motivo es que hizo todo lo posible por convertir en aliados a todas las personas de a bordo que parecían abiertas a tenerla como líder. Se sintió particularmente apoyada por el suboficial mayor del *Katmai Bay*, uno de los oficiales de mayor rango a bordo del rompehielos. Él la defendió frente a la tripulación e incluso puso en riesgo su carrera al hacerlo frente al supervisor de Sandy en las ocasiones en las que su abuso verbal iba demasiado lejos.

Por último, Sandy logró encontrar su propia voz como líder porque siempre estuvo dispuesta a hacer preguntas, a pesar de que le habían dicho que hacerlo no haría más que resaltar su inseguridad e inadecuación para el mando, características que algunos veían como típicamente femeninas.

Por ejemplo, a Sandy le habían advertido por adelantado que los experimentados capitanes de los buques mercantes que operaban en los Grandes Lagos nunca confiarían en la tripulación de un rompehielos dirigido por una mujer. Así que al poco tiempo de haber asumido el cargo, se puso en contacto con una de las grandes empresas navieras para coordinar una visita a uno de sus cargueros de minerales. Al reunirse con su capitán, Sandy hizo la pregunta que a ella le parecía de mayor importancia. Dado que el rompehielos medía cuarenta y tres metros de largo y el buque mercante trescientos cinco, ¿qué era lo más útil que ella necesitaba saber con tal de despejar el camino y facilitar la navegación del carguero?

El capitán expresó una enorme sorpresa. Le dijo que en todas las décadas que había estado navegando en la región, nunca nadie le había consultado qué es lo que lo ayudaría a él. En lugar de eso, los comandantes de la Guardia Costera simplemente le informaban de qué planeaban hacer y dejaban que él se ocupara de cualquier ajuste necesario.

Entonces comenzó a sacar cartas náuticas llenas de detalles e invitó a Sandy a estudiarlas con él. Señaló algunos de los pasajes más peligrosos que tendría que atravesar en su próximo viaje y sugirió atajos que harían que el progreso de su buque por el hielo pesado fuera más directo y seguro. Le mostró algunas formaciones submarinas traicioneras que había tardado años en identificar.

Sandy atribuye el haber podido comandar efectivamente el *Katmai Bay*, frente a un escepticismo generalizado y falta de apoyo, a las instrucciones detalladas que recibió a bordo de ese carguero de minerales. Esa reunión inicial también fue fundamental en la formación de un estilo de liderazgo que le serviría a lo largo de su extraordinaria carrera.

Sandy afirma: «En mis primeras misiones me habían criticado por no tener el estilo de liderazgo típico de un héroe de acción. Ya sabes, dar órdenes a gritos, nunca preguntar, solo decir qué hay que hacer. La actitud de "soy el jefe, así que no me repliques". También me habían dicho que, como mujer, nunca me ganaría el respeto si no estaba dispuesta a hacerme siempre la dura. Pero lo que yo vi fue que hacer preguntas no es mostrar debilidad, es mostrar que uno está dispuesto a aprender. Además, es la mejor forma que conozco de construir el tipo de relaciones que fortalece tu habilidad de responder como líder, lo que hace que se construya esa confianza tan necesaria».

LA TRAMPA DE LA CONFIANZA

Vale la pena señalar que tanto la confianza de Alan Mulally como la de Sandy Stosz estaban firmemente basadas en sus competencias: las habilidades que habían adquirido, cultivado, demostrado y perfeccionado a lo largo de años de trabajo. Este es un punto importante.

En las últimas décadas, la confianza a menudo se ha visto como algo casi innato, una firme creencia en uno mismo que no está vinculada a los logros reales. Padres que gritan «¡bien hecho!» cada vez que sus hijos dan un simple paso lo hacen con la creencia de que eso aumentará su confianza. Las escuelas e institutos que reparten premios a todos los estudiantes sin importar las notas o los méritos deportivos lo hacen con la misma motivación.

La suposición parecería ser que los refuerzos positivos y los elogios bastan para obtener seres humanos seguros de sí mismos, pero esta es una idea equivocada. La verdadera confianza siempre se basa en la noción que tenemos de nuestras habilidades, así como nuestra capacidad y voluntad de aprender. Si nuestra confianza no se basa en una competencia real, corremos el riesgo de exponernos a uno de dos extremos: una percepción ilusoria de nuestra propia grandeza o el síndrome del impostor y el temor a ser expuestos que lo acompaña.

Desde la publicación del influyente libro *La clave de la confianza*[3] de Katty Kay y Claire Shipman en 2014, la confianza ha sido vista como una diferencia clave entre el éxito de los hombres y las mujeres. Si bien el libro da muchas instrucciones sobre cómo la confianza puede ser fomentada, la simplificación de la idea principal de las autoras (que la confianza de los hombres es un motivo clave del éxito que tienen, mientras que la falta de confianza frena a las mujeres) ha reforzado la noción de que la confianza, por sí misma, ya ofrece una ventaja a los miembros del grupo dominante. El resultado es que la confianza está considerada, cada vez más, como una especie de fórmula mágica que permite a quienes la poseen navegar plácidamente por la vida.

Esto ha conducido a que muchas mujeres consideren tener confianza como una ventaja mayor a las propias aptitudes, y como algo todavía más esencial para conseguir el éxito. Sin embargo, como la confianza que solo se basa en la creencia en uno mismo no tiene un fundamento real, a quienes buscan conseguirla se les suele recomendar usar afirmaciones positivas como método para fomentar la autoestima.

Me he encontrado con ese fenómeno en cursos de capacitación impartidos en conferencias de mujeres y eventos de *networking* en todo el mundo. A veces parece como si esos cursos estuvieran inspirados en Stuart Smalley, el personaje de *Saturday Night Live* inmortalizado por Al Franken. Después de cada situación humillante, Stuart, que irradia inseguridad, se mira al espejo y repite las conocidas frases: «Soy lo suficientemente bueno, soy lo suficientemente inteligente, y maldita sea, le gusto a la gente». Era particularmente gracioso cuando el personaje de Franken insistía encarecidamente a invitados que claramente no necesitaban aumentar su confianza que practicaran ese tipo de afirmaciones. El caso de Michael Jordan en el apogeo de su carrera como basquetbolista ya es todo un clásico.

Estos episodios continúan causando carcajadas en YouTube. Sin embargo, hay *coaches* que siguen insistiendo a mujeres y otras personas fuera del grupo dominante en materia de liderazgo a darse un empujoncito a sí mismas con ciertas afirmaciones («estoy entrando a esta reunión con mucha confianza», «creo en mí misma en todo momento») o intercambiar palabras de ánimo triviales al estilo de «¡tú puedes, mujer!». Todo esto en nombre de salvar la supuesta distancia con la confianza de aquellos que están dentro del grupo dominante.

El problema con este enfoque no es solo que sea superficial y denigrante. También distorsiona las verdaderas maneras de infundir confianza. La confianza cuyas raíces son firmes y profundas siempre es resultado de tener habilidades demostrables que han sido desarrolladas con disciplina diaria y esfuerzo constante. Y de todo aquello que podemos lograr gracias a esas merecidas habilidades.

Es por eso que la idea de alguien como Michael Jordan intentando reforzar su confianza con afirmaciones de ese tipo resulta tan ridícula. No porque la deslumbrante seguridad en sí mismo haga que la situación resulte grotesca (que también), sino porque es su habilidad incontestable, desarrollada durante miles y miles de horas de práctica y juego lo que hace que su confianza tenga una base sólida.

LOS PELIGROS DEL EXCESO DE CONFIANZA

Como el experto en negocios Tomas Chamorro-Premuzic[4] demuestra en sus extensos estudios comparativos, la competencia está mucho más alineada con el rendimiento profesional y es un mejor indicador de dicho rendimiento que la confianza y la creencia en uno mismo. Sin embargo, la confianza sigue estando constantemente sobrevalorada. En contraste, las aptitudes, a menudo desestimadas por ser «habilidades básicas», suelen estar infravaloradas o directamente ignoradas.

Esto es particularmente cierto en las posiciones de liderazgo.

Varios estudios confirman que las aptitudes son en realidad el principal factor que determina el éxito de un líder. Sin embargo, cuando buscan líderes, las organizaciones con frecuencia priorizan la confianza apabullante en uno mismo. Como observa el *coach* Jeffrey Hull: «Las empresas tienen una enorme debilidad hacia esos hombres que se presentan a sí mismos como *la respuesta definitiva*. Y digo "hombres" porque quienes adoptan esta actitud casi siempre lo son».

A partir de una amplia variedad de datos, Chamorro-Premuzic identifica lo que para él es la razón principal de la existencia de esta debilidad: la constante incapacidad por parte de quienes están encargados de contratar líderes de reconocer el *exceso* de confianza tal como este se manifiesta en los hombres.

Señala que los cazatalentos, las juntas directivas y los comités ejecutivos a menudo ven a los hombres que demuestran una fe inquebrantable en su propia grandeza como expertos y motivados: en otras palabras, como líderes. El resultado es un número desproporcionado de hombres carismáticos que han ascendido por encima de sus habilidades y ocupan puestos altos para los que no están cualificados.

El costo del exceso de confianza masculino puede ser enorme: observa lo que ha sucedido en los últimos años con We-Work, Lehman Brothers, Satyam Computers en India y Boeing. General Motors (GM) pasó décadas ascendiendo ejecutivos masculinos con una deslumbrante fe en su propia brillantez estratégica mientras que la rentabilidad de la empresa era cada vez menor. Finalmente, la junta directiva nombró a Mary Barra como directora ejecutiva. Barra había comenzado a trabajar en la línea de montaje de GM a los dieciocho años para pagarse la universidad. «No es el líder fuerte que GM necesita», fue el recibimiento que acompañó su nombramiento. «Competente pero aburrida». No obstante, sus aptitudes lograron estabilizar la empresa.

El ejemplo de Barra no es ninguna sorpresa, dado que el estudio de Chamorro-Premuzic muestra que la confianza de las mujeres casi siempre está alineada con sus aptitudes (o está por debajo), mientras que ese no es necesariamente el caso respecto a los hombres que ostentan rangos más altos. Elizabeth Holmes de Theranos sería una excepción de perfil alto.

El motivo de esta discrepancia no está en que los hombres tengan en su totalidad mucha más confianza que las mujeres, sino en que el número de hombres con un *exceso* de confianza es mucho mayor. Y dado que el exceso de confianza y la asertividad que resultan de él a menudo ayudan a los hombres a conseguir los puestos más altos, los hombres con un exceso de confianza, a pesar de ser un porcentaje relativamente pequeño de la población masculina, tienden a estar sobrerrepresentados en precisamente esos puestos en los que más daño pueden causar.

La incapacidad de detectar hombres que tienen más fe en sus propias habilidades de la que estas ameritan penaliza no solo a las mujeres y otros grupos poco representados, sino también a muchos hombres extremadamente competentes. Es por eso que Chamorro-Premuzic sugiere que tanto hombres como mujeres se beneficiarían de colaborar con señalar el costo del exceso de confianza y hacer que las organizaciones se responsabilicen y valoren más las aptitudes reales a la hora de considerar candidatos para los puestos más altos.

OCUPAR EL LUGAR DE OTRO

Cuando estaba realizando una consultoría para una empresa de transportes con sede en Melbourne, vi un ejemplo de cómo algo similar podía funcionar.

Ahmet, un excelente abogado corporativo con un historial excepcional a la hora de supervisar las adquisiciones de la empresa, había sido enviado a Singapur para supervisar al equipo legal marítimo. La idea era que Ahmet tuviera algo de experiencia en el campo antes de un potencial ascenso a director ejecutivo. Parecía tener el perfil indicado: era una persona brillante, un orador persuasivo con una excelente red de contactos y una deslumbrante confianza en su capacidad como líder.

Ahmet estaba acostumbrado a que las personas de la empresa lo respetaran, pero el equipo de Singapur no parecía estar muy impresionado por su reputación ni su brillantez. El problema era que Ahmet no sabía casi nada sobre ley marítima, una rama compleja y arcana de la práctica legal, aunque tanto él como el equipo ejecutivo confiaban en que pudiera ponerse al día con rapidez. Los miembros del equipo de Singapur se ofrecieron a ayudar con algunos detalles, pero Ahmet les aseguró que podía absorber todo lo que necesitaba sin profundizar demasiado. «Estoy aquí para fijar una dirección estratégica, servir de enlace con la empresa, mantener el rumbo y disparar nuestra reputación hasta la Luna», dijo. «El equipo se puede ocupar de cualquier asunto técnico».

Lamentablemente, fijar una dirección estratégica requería entender tecnicismos que Ahmet ignoraba. Como resultado, no tardó en empezar a tomar decisiones basadas en información insuficiente y dejar que el equipo se ocupara del desastre que iba dejando tras de sí.

La situación llegó a un punto crítico cuando el equipo cerró un contrato con un transportista con bandera maltesa que expuso a la empresa a responsabilidades que por lo general hubieran podido evitar. Ahmet, que había insistido en cerrar el trato, culpó a algunos miembros de su equipo por el problema. Ellos se molestaron, pero no dijeron nada.

Sin embargo, después de que un segundo contrato creara un enredo legal, el equipo de líderes corporativos en Melbourne decidió enviar una mediadora a Singapur para que viera por qué la división marítima que antes funcionaba de manera competente ahora estaba haciendo aguas. Melanie, la mediadora, programó reuniones individuales con Ahmet y con cinco miembros sénior de su equipo, y a todos les prometió confidencialidad.

Tracy, una experimentada abogada marítima que había sido invitada a una reunión con Melanie, dice: «Me crie en una cultura asiática en la que no se cuestiona ni se critica al jefe. Se considera que es una falta de respeto y lealtad. Además, sabía que Ahmet tenía buenas conexiones con las oficinas centrales de Melbourne. Como nadie lo estaba siendo, ser honesta sobre lo que estaba sucediendo no parecía una buena estrategia. Pero el ánimo generalizado estaba tan bajo que sentí que tenía que decir algo por el bien de todos. Así que le dije a Melanie que Ahmet estaba tan seguro de su brillantez que no estaba abierto a aprender sobre cómo funciona esta rama de nuestro negocio, lo que a mi parecer había conducido a errores costosos y nos estaba dando una mala reputación».

Melanie escuchó reparos similares de otros miembros del equipo, recogió los resultados de sus entrevistas y volvió a Melbourne. Entonces el equipo ejecutivo tomó la decisión de enviar a Ahmet de nuevo a las oficinas centrales. No fue degradado, pero ya no estaba en la carrera para ser director ejecutivo.

Dada la agitación que había atravesado el equipo legal marítimo, los líderes más sénior de Melbourne decidieron no nombrar al sucesor de Ahmet hasta no recibir más comentarios de Singapur. Así que volvieron a enviar a Melanie para reunir sugerencias sobre el tipo de líder que el equipo creía que podía ayudarlos a tener éxito.

Tracy observa: «Fue estupendo cuando la sede central envió a Melanie a pedir nuestra opinión. Habían estado hablando de empoderar a los equipos, pero esa fue la primera vez que lo vimos en acción. Que pidieran nuestra ayuda en el proceso nos dio la confianza que necesitábamos para darle voz a nuestras opiniones, y todos estábamos de acuerdo en que trabajar con Ahmet durante dieciocho meses nos había enseñado mucho. Estaba claro que necesitábamos un líder que supiera escuchar de verdad. El problema no fue que Ahmet no supiera de ley marítima cuando llegó aquí. El problema fue que no estuvo dispuesto a aprender. Estaba tan seguro de su brillantez que creía que los detalles estaban por debajo de él. Pero en los contratos marítimos, los detalles importan, así que su actitud condujo a errores reales. Además, no entendía ni apreciaba el trabajo que el equipo estaba llevando a cabo, así que siempre estaba criticando nuestro rendimiento. Eso hundía la moral de todo el mundo».

Melbourne escuchó los consejos del equipo y decidió nombrar a Ram para dirigir el equipo de Singapur. Ram era un abogado de finanzas corporativas, no tan sénior ni visible como Ahmet, pero respetado por su enfoque colegiado, el buen ánimo que inculcaba en sus equipos y sus deseos de aprender.

El director de sistemas de información de la compañía comentó: «Aquí en las oficinas centrales tuvimos algo de resistencia ante esa decisión. Ram es un hombre callado, algunas personas creían que no tenía "madera de líder". Parecían querer decir que no se presentaba a sí mismo como un gran líder, mientras que Ahmet sin ninguna duda lo hacía. Pero ese episodio nos enseñó que estar dispuesto a aprender en el trabajo es mucho más importante que tener un estilo impresionante o una creencia inquebrantable en uno mismo».

LA APTITUD PARA EL APRENDIZAJE

Fíjate que en un principio Ahmet había sido enviado a Singapur porque la confianza incondicional que él tenía en sus propias habilidades habían persuadido a la junta de pasar por alto su falta de experiencia con la ley marítima. Sin embargo, su nombramiento no fue problemático por esa insuficiencia, sino por su negación a hacer el trabajo necesario para aprender los conocimientos básicos una vez asegurado el puesto.

Esta distinción es importante. La confianza no es el problema. La confianza hace que tengamos fe en nuestra capacidad de desarrollar las habilidades que necesitamos, la tolerancia requerida para aprender sobre la marcha y la humildad suficiente para pedir que nos ayuden y guíen.

Por el contrario, el exceso de confianza evita que evaluemos correctamente las habilidades que nos faltan y hace que nos resistamos a hacer cualquier cosa para remediar esa situación. Porque ¿por qué debería un pez gordo como nosotros preocuparse por los detalles?

La realidad es que a casi todos nosotros nos falta alguna de las capacidades necesarias para desempeñarnos bien en un trabajo nuevo por el simple hecho de que nunca lo hemos hecho antes. En la mayoría de los casos, solo cumplimos la totalidad de los requisitos necesarios para el trabajo que ya tenemos. O de alguno que hayamos tenido en el pasado.

Esta simple verdad no siempre es evidente para quienes están fuera del grupo dominante y a menudo sienten que deben esforzarse de más para probar que son la persona indicada para el puesto. Quizás quienes hayan dudado de esas personas las hayan criticado diciendo que no están listas «para el momento de la verdad», así que temen ser juzgadas por tratar de aprender sobre la marcha. Tal vez estén al tanto de los estudios que revelan que los niveles aptitudinales de quienes pertenecen a su grupo suelen estar infravalorados. O también es posible que no hayan recibido recursos y apoyo suficientes en tareas anteriores y quieren evitar sentirse vulnerables frente a colegas que todavía no conocen.

El resultado es que quienes están fuera de la cultura de liderazgo dominante a menudo sienten que necesitan estar listos para rendir a la perfección *desde el primer día* a la hora de ocupar un nuevo puesto, o incluso postularse a él.

Esto es muy frecuente. Por ejemplo, es habitual que me contacten cazatalentos y líderes de recursos humanos para hablar sobre mujeres que se niegan a dar el próximo paso de su carrera profesional porque no se sienten «listas», temen que les falten capacidades o creen que tienen «más para aprender» en el puesto en el que se encuentran. Un cazatalentos una vez se lamentó: «¡Recibo solicitudes de trabajo de mujeres muy cualificadas que comienzan por enumerar todos los motivos por los que quizá no cumplen con los requisitos! A menudo hay hombres que tienen mucho menos para ofrecer y proyectan una gran confianza en sí mismos, lo que hace que sea más probable que consigan el puesto. Esto sucede incluso cuando el candidato más cualificado es una mujer, porque ningún empleador quiere contratar a alguien que parece dudar de su capacidad de hacer el trabajo».

¿QUÉ HAY QUE HACER PARA CUMPLIR CON LOS REQUISITOS?

El impacto de esta divergencia entre aptitud y confianza resultó muy obvia en un retiro para empleados sénior de mercadotecnia que organicé para una de las principales empresas de suministros médicos del mundo. Una de las presentaciones se enfocó en la escasez de mujeres que se habían postulado para varios de los nuevos puestos que la empresa había publicado. Varias de las mujeres presentes señalaron que los requerimientos para el trabajo eran intimidantes. Expresaron sorpresa al enterarse de que eso no había desalentado a algunos de sus compañeros hombres.

Finalmente, una mujer preguntó: «Cuando un puesto enumera seis requisitos, ¿cuántos debemos cumplir? Siempre creí que sería necesario tener los seis, pero parece que algunos hombres no opinan igual».

El debate continuó con un toma y daca —*¿se necesitan cinco o con cuatro basta?*— hasta que Jonas, el director de mercadotecnia (CMO) para América, dio un paso hacia adelante y compartió su historia.

«Hace diez años ya sabía que quería el trabajo que tengo ahora», le contó al grupo. «Así que cuando se abrió una vacante para un puesto dos niveles más abajo, lo perseguí con todas mis fuerzas. El anuncio mostraba cinco requisitos. Yo solo tenía dos. Pero sabía que mi tarea consistía en describir con precisión por qué y cómo podía adquirir las otras habilidades en un período de tiempo razonable, algo que creía que podía hacer. Nadie espera que tengas todos los requisitos para el trabajo al que te postulas. Pero sí esperan que tengas un plan para ponerte al día con estos».

Las mujeres presentes se mostraron prácticamente boquiabiertas al escuchar la historia. La noción de que «nadie espera» que tengas todas las habilidades mencionadas en una oferta de empleo era una novedad para ellas. Algunas se preguntaron si la estrategia del director de mercadotecnia solo funcionaría para los hombres, porque creían que las mujeres solían estar sometidas a estándares más altos.

Luego una de las mujeres le preguntó a Jonas: «¿Cómo supiste que nadie espera que tengas todos los requerimientos mencionados? Pareces creer que eso es algo que todos saben, pero yo no tenía idea de que así era como funcionaban las cosas. Creí que si el anuncio pedía cinco requisitos, había que cumplir con los cinco o no valía la pena ni molestarse en postularse».

Jonas lo pensó por un momento y luego respondió. «En realidad, fue un mentor que tuve al principio de mi carrera que me empujó a postularme a un puesto más alto. Me dijo que tenía potencial para triunfar en ese trabajo y que conseguirlo le daría un gran impulso a mi carrera. Y dijo que lo único que tenía que hacer era convencer a mi jefe potencial de que era capaz de aprender lo que tenía que aprender. Y que estaba dispuesto a esforzarme».

Basándose en ese intercambio, la red de mujeres de la empresa decidió reclutar a un equipo de mentores para ayudar a las empleadas mujeres a tener una mejor noción de cómo y cuándo postularse a vacantes dentro de la misma empresa. Este importante primer paso marcó una diferencia inmediata. Cuando se publicó la siguiente lista de vacantes internas seis meses después, se postularon un setenta por ciento más de mujeres de las que se habían postulado con el anuncio previo a la reunión de mercadotecnia.

Es importante señalar que Jonas, el director de mercadotecnia, no había tomado la senda del exceso de confianza de Ahmet, el ejecutivo de la empresa de transportes. Es decir, no echó un vistazo a los requisitos que no cumplía y decidió «esto no es ningún problema» porque se creía brillante o especial en algún sentido. Tampoco esperaba que su más calificado segundo al mando se hiciera cargo de la mayoría de las tareas de su puesto para que él se ahorrara la molestia de desarrollar las competencias necesarias. En lugar de eso, entendió y aceptó que tendría que trabajar mucho para cumplir con los requisitos una vez que obtuviera el puesto.

En otras palabras, no vio a la confianza como un substituto de la aptitud. Lo que hizo fuer reconocer que esta evoluciona, y que la mejor oportunidad de desarrollarla es sobre la marcha.

«PERMÍTEME REFORMULAR LA PREGUNTA»

Incluso las mujeres exitosas y rebosantes de confianza, así como otros miembros de grupos no dominantes que poseen dichas cualidades, pueden enfrentarse a la sensación de no estar preparados para pasar a algo nuevo. Sandy Stosz, la vicealmirante de la Guardia Costera de la que ya hemos hablado y que sirvió como la única superintendente de una academia militar de los Estados Unidos, recuerda algo que le pasó en la mitad de su carrera profesional.

Después de seis años de servir en altamar, Sandy fue asignada al personal de adquisición de buques rompehielos en el cuartel general de la Guardia Costera en Washington D. C. Si bien ella no había querido un puesto en tierra, se dio cuenta de que le encantaba el trabajo. Ser la única persona con experiencia en operaciones en un equipo de ingenieros y especialistas en logística le ofrecía muchas oportunidades para aprender y aportar valor añadido. Se aseguró de decirle al oficial encargado de su nombramiento que estaba muy agradecida de haber sido asignada para ese trabajo.

El día después de hacerlo, él la llamó para preguntarle si le gustaría tener una entrevista para el puesto de asesora militar del nuevo secretario de transporte de los Estados Unidos, un puesto dentro del gabinete. (Sí, el mismo secretario que más adelante asistiría cuando a ella la nombraran comandante del barco).

Sandy se sorprendió de que él creyera que estaba lista para dar un paso tan grande. Le explicó que se sentía honrada, pero, tal como le había dicho, le gustaba mucho su puesto actual y creía que encajaba muy bien con sus habilidades. «Además, mi equipo me necesita», añadió. «No quiero abandonarlos solo por haber recibido una oferta mejor».

El oficial a cargo de los nombramientos no estaba convencido. Al día siguiente, la volvió a llamar. «Permíteme reformular la pregunta de ayer», dijo. «¿Cuándo estarías disponible para tener la entrevista con el secretario?».

Sandy entendió que le estaban haciendo una oferta que no podía rechazar, así que programó la entrevista a pesar de sentirse intimidada por la idea de ser evaluada por alguien en ese nivel y no veía ninguna posibilidad de ser seleccionada para el puesto. Sin embargo, la entrevista fue extremadamente bien y Sandy se entusiasmó ante el interés y el compromiso evidentes que el nuevo secretario mostraba por la Guardia Costera. No obstante, se sorprendió mucho cuando le ofrecieron el puesto, que más adelante demostró ser un punto de inflexión en su carrera. Ocupar esa posición amplió su perspectiva al permitirle ver el puesto que la Guardia Costera ocupaba en el panorama completo, le dio mucha visibilidad y le dio acceso a los más altos rangos dentro del gobierno y la industria.

Hay dos puntos que vale la pena resaltar de esta historia para este capítulo.

El primero es que incluso una mujer con los logros, la autoconciencia y la determinación de Sandy expresó cierta reticencia ante la posibilidad de un ascenso significativo al cuestionar sus cualificaciones y sentir una profunda lealtad hacia el trabajo que tenía. El segundo es que, para estar dispuesta a siquiera aceptar tener una entrevista, necesitó que su jefe actuara como un mentor y reformulara la petición como una orden sutil pero clara.

Al no confiar en su palabra cuando Sandy dijo no estar lista, el oficial encargado de los nombramientos la empujó a dar un importante salto hacia adelante.

5

CUARTO DETONANTE: ¿QUÉ QUIERES DECIR?

Nos elevamos juntos cuando apreciamos y aprendemos de los estilos de comunicación del otro

Ninguna habilidad es más esencial para mejorar que ser capaces de comunicar nuestros logros, conocimientos, ideas y dudas con claridad y pasión. Esto siempre ha sido cierto, pero hacerlo se ha vuelto más complejo, incluso algo malintencionado, a medida que nuestras organizaciones y nuestra cultura se han vuelto más diversas.

Hoy en día, la gente llega al lugar de trabajo con todo tipo de valores, suposiciones, preocupaciones y maneras de hablar. Esto aumenta la probabilidad de que alguien nos malinterprete, o de que nosotros malinterpretemos a alguien. Cada vez que abrimos la boca o redactamos un correo electrónico o un mensaje, estamos ante una nueva oportunidad no solo de ganarnos el compromiso de alguien y motivarlo, sino también de desconcertarlo o alienarlo. Así que no debería ser ninguna sorpresa que la comunicación se haya convertido en el detonante diario más frecuente.

Sin embargo, ser consciente del desafío que esto presenta puede paralizar nuestra espontaneidad y evitar que mostremos nuestra mejor versión. Toma nota de que he dicho nuestra *mejor versión*, y no la más auténtica. Porque lo cierto es que privilegiar la autenticidad cuando se trata de la comunicación puede socavar nuestra capacidad de informar, aprender de los demás y conectar con ellos.

A pesar de este conflicto inherente, se nos insta constantemente a dar prioridad a la autenticidad.

La prensa corporativa, al igual que muchos *coaches* y expertos, ven la autenticidad como una ventaja competitiva y un imperativo empresarial, no solo para las marcas sino para los individuos. Hoy en día, son pocos los seminarios o charlas en las que nadie me pregunta cómo reivindicar sus logros, liderar un equipo o atraer mentores manteniéndose fiel a su auténtico yo. Hay revistas y webs repletas de estrategias cuyo objetivo es ayudarnos a «quitarnos la máscara» para ser más auténticos todavía.

Es fácil ver los orígenes de esta tendencia. Es posible que algunos de nosotros, quienes comenzamos nuestras carreras profesionales en lugares de trabajo relativamente conformistas en los que los hombres blancos marcaban la pauta, hayamos pasado décadas reprimiendo tanto nuestras fortalezas como nuestras debilidades en un intento por encajar. Lo mismo aplica a cualquier persona de una cultura subrepresentada o a los trabajadores jóvenes que quizás resientan la prevalencia de los valores de los *baby boomers*.

Claro que el enorme valor de la diversidad reside en su capacidad de reunir diferentes perspectivas y estilos de organización. La clave está en encontrar el equilibro entre lo que es real y nos distingue —nuestras percepciones, nuestros valores, nuestro bagaje cultural, el estilo propio que hemos desarrollado— y lo que los demás consideran respetuoso y persuasivo. Por lo tanto, suele ser más inteligente concentrarnos en «decirlo hábilmente», en palabras de la *coach* de comunicación Molly Tschang[1], en lugar de expresar nuestras opiniones bruscamente en un intento por ser auténticos.

LA TRAMPA DE LA AUTENTICIDAD Y LA COMUNICACIÓN

He llegado a la conclusión de que esta búsqueda actual de la autenticidad debería venir acompañada de un cartel enorme que dijera PELIGRO.

Para empezar, lo único que realmente nos distingue a lo largo de nuestra vida es aquello que se encuentra en lo más profundo de nuestro espíritu o alma; más allá de eso, estamos en constante cambio, evolución, crecimiento. Los científicos nos informan que cada organismo que existe en la biosfera está compuesto de billones de células que no dejan de crecer y morir. Estar vivo significa ser un pequeño universo de cambios.

Esto lo sabemos por experiencia propia. La mayoría de nosotros tenemos momentos en los que miramos hacia la persona que hemos sido en el pasado y nos sentimos horrorizados por algo que hemos dicho, hecho o pensado. Sin embargo, el propio concepto de un yo auténtico sugiere que nuestros valores, nuestras conductas y nuestros hábitos de comunicación permanezcan inalterados, y cualquier modificación o adaptación es una traición a quienes somos en realidad.

Pero enfocar nuestra energía en ser fieles a lo que elegimos definir como nuestro yo auténtico puede socavar nuestra capacidad para el cambio y el crecimiento. E intentar comunicarnos de una manera efectiva y persuasiva sin romper nuestro compromiso con la autenticidad puede confundirnos y hacer que nos trabemos. La mayoría de nosotros aprendemos a transmitir lo que queremos decir mediante la prueba y el error, prestando atención a cómo lo que decimos conecta con los demás. Es esencial no solo considerar el *yo*, sino también el *ellos*.

No podemos contar con que nuestro yo auténtico, el que sea que exista en este momento en particular, nos ayude con esto. Y el riesgo que corre nuestra reputación si no consideramos ese ellos es cada vez más alto. Cada vez que nos conectamos a Zoom o abrimos nuestras cuentas de redes sociales nos adentramos en un territorio en disputa. Lo que a nosotros nos parece gracioso puede ofender a alguien cuyas experiencias difieran de las nuestras. Nuestra principal aspiración moral puede ser lo que otros consideran el epítome de la corrección política. El ser honestos y admitir que una tarea nos tiene preocupados puede hacer que la confianza de un jefe o un equipo con el que no hemos trabajado antes disminuya.

Además, algunos mantras populares (como «así son los hombres», «decirle la verdad al poder», «debo ser yo mismo») se usan a menudo como excusas para dejar salir a nuestro cretino interior. Y nuestras reacciones más instintivas pueden conducirnos a un callejón sin salida.

Todo esto me hace pensar en la experiencia que tuvo Marshall Goldsmith al observar, coordinar o participar de grupos de discusión durante ocho horas diarias, a lo largo de varios meses, mientras hacía su doctorado en Psicología en los años setenta. La meta de esas sesiones era impulsar implacablemente a los participantes a compartir sus sentimientos sin ninguna mediación, exponerse sin que importaran las consecuencias. Pero luego de mucho escarbar y presionar a los participantes para que fueran cada vez más y más reales, los sentimientos que inevitablemente salían a la luz en el grupo solían entrar en una de dos categorías: «¡Te odio!» o «¡quiero tener sexo contigo!».

Ninguna de esas respuestas es de particular utilidad en el lugar de trabajo.

Creo que todos podemos beneficiarnos al dejar a un lado cualquier preocupación sobre la autenticidad a favor de esforzarnos por ser comunicadores más hábiles. Esto requiere entender los elementos esenciales que moldean la forma en la que hablamos, entrenar nuestra conciencia para identificar qué es efectivo y qué no, y comprometernos a ser claros y profesionales.

UN IMPRESCINDIBLE: RADAR VERSUS LÁSER

La forma en la que nos comunicamos viene determinada por tres elementos:

- Lo que percibimos: lo que vemos y observamos, los detalles que forman parte de nuestra percepción.
- Lo que valoramos de lo que percibimos: lo que nos parece importante según nuestra manera de entender el mundo.
- La forma en la que extraemos conclusiones acerca de aquello que percibimos: cómo transmitimos lo que observamos y valoramos a los demás.

La percepción es, por lo tanto, la base que asienta tanto lo que creemos que es importante como las palabras que usamos para describirlo[2].

Esto puede ser complicado, porque lo que percibimos está influenciado por nuestra experiencia, que varía según nuestro género, edad, raza u orientación sexual. Las personas de color quizás perciban de inmediato las manifestaciones inconscientes del privilegio blanco. Las mujeres a menudo detectan con facilidad a los acosadores potenciales. Es probable que los empleados sudasiáticos de Silicon Valley que trabajan en empresas con un alto porcentaje de personas provenientes del subcontinente estén muy sintonizados con la manera en la que la casta puede colorear la percepción de sus jefes. Las personas LGBTQ leen fácilmente el lenguaje corporal homofóbico.

Lo que percibimos está al servicio de nuestra supervivencia, tal como vemos en estos ejemplos. Pero también moldea la forma en la que nos comunicamos, porque influye en las palabras que elegimos para describir nuestras percepciones, las historias que contamos para llegar a las conclusiones a las que llegamos. Entonces, no debería sorprendernos que las diferencias en la percepción de cada cual sean una fuente común de malentendidos.

Un ejemplo típico y bien documentado ocurrió cuando Brooksley Born, una de las mejores abogadas especializadas en derecho bancario y financiero del país, fue nombrada directora de la Comisión de Negociación de Futuros de Productos Básicos de Estados Unidos (CFTC) en 1994. Al descubrir un mercado de derivados de entre veinte y treinta billones de dólares que ella creía que representaba un riesgo enorme para la estabilidad económica global, se alarmó y propuso ser más estrictos con las regulaciones de los valores menos transparentes que poseían los bancos.

Sin embargo, los principales asesores económicos del presidente de la nación, junto con el presidente de la Reserva Federal y el jefe de la Comisión de Bolsa y Valores (SEC) —todos ellos hombres—, descartaron las preocupaciones de Born. Sostenían que los magos de Wall Street entendían sus propios datos complejos y que ella le estaba otorgando demasiada importancia a factores externos. Como resultado, le recomendaron al Congreso que bloqueara la regulación de los mercados de derivados por parte de la CFTC de Born. Durante la década siguiente, ese mercado se inflaría hasta los seiscientos ochenta billones de dólares, colapsaría y sería el catalizador del pánico financiero de 2008, cuyas consecuencias sociales todavía estamos viviendo hoy en día[3].

En los años previos a 2008, Born no fue la única persona en alertar sobre ese posible escenario, sino que hubo varias otras mujeres de perfil alto que también lo hicieron, entre ellas la presidenta de la Corporación Federal de Seguro de Depósitos (FDIC) Sheila Bair, la analista y «Oráculo de Wall Street» Meredith Whitney, y algunas ejecutivas sénior de Citibank y Lehman Brothers. No obstante, a pesar de la experiencia y la importancia de su cargo, esas mujeres fueron relegadas al conocido papel de Casandra en los mitos griegos, quien profetizaba desastres en vano.

No es ningún accidente que Casandra, quien vaticinaba catástrofes sin que nadie la escuchara, fuera una mujer, pues los conocimientos de las mujeres suelen desestimarse por ser mera intuición femenina. La crisis financiera de 2008 nos ofrece quizás la enseñanza más costosa sobre la diferencia entre cómo las mujeres y los hombres perciben y comunican el mundo que los rodea.

Born y las otras Casandras fueron incapaces de hacerse escuchar porque, en esencia, *percibían* cosas diferentes que los hombres a los que intentaban advertir (esos «factores externos»). Como resultado, las personas a las que estaban advirtiendo eran literalmente incapaces de escuchar cómo ellas habían llegado a su conclusión.

La ciencia sugiere un motivo para esto, tal como lo descubrimos mi coautora Julie Johnson y yo mientras investigábamos nuestro libro *La visión de la mujer: el poder real de la mujer en el trabajo*, en el que exploramos el papel que tienen las percepciones en la formación de nuestra manera de ver el mundo. Por ejemplo, las imágenes por resonancia magnética funcional, que muestran el funcionamiento del cerebro, revelan que las mujeres en general tienden a percibir muchas cosas al mismo tiempo, mientras que los hombres en general tienden a percibir en secuencia, es decir, de a una en una. Como resultado, la atención de las mujeres a menudo funciona como un radar que analiza el entorno y detecta una amplia variedad de pistas. En contraste, podría decirse que la atención de los hombres funciona como un láser, con un foco acotado e intenso que bloquea todo lo que parece superfluo.

Estas diferencias tienen un impacto en tiempo real sobre las decisiones que tomamos sobre qué decir y cómo decirlo.

Por ejemplo, los que tienen una atención láser tienden a valorar la información concisa, los resultados finales y la capacidad de ir directo al grano. Debido a este enfoque concreto, es menos probable que sean conscientes del efecto que sus palabras tienen sobre los demás y estarán menos dispuestos a matizar sus observaciones o considerar escenarios que no estén contemplados por sus datos.

En contraste, las personas con una atención de radar a menudo comparten mucha información de trasfondo e incluyen todos los detalles que parecen importantes para la historia general que desean contar. También son a menudo más sensibles al impacto que sus palabras tienen en los demás y quizás incluyan esas observaciones al comunicarse. Esa sensibilidad hace que estén más abiertas a escuchar otros puntos de vista.

Dadas estas distinciones, no es ninguna sorpresa que los hombres a menudo desestimen a una oradora mujer por considerarla dispersa o interesada en cosas que no vienen al caso: «¿A dónde va con todo esto? No la sigo, lo que dice que no tiene ningún sentido». Como resultado, es posible que dejen de escuchar. O quizás intenten resumir lo que la mujer ha dicho en una reunión de tal modo que otros hombres solo tengan que escuchar los puntos más importantes, lo cual a las mujeres les parece pomposo y paternalista (el famoso *mansplaining*).

Por otro lado, las mujeres quizás vean esa atención láser de los hombres como insensible y torpe, irremediablemente dependiente de los datos empíricos y ajeno a las sutilezas. Esto quizás las conduzca a concluir que los hombres «simplemente no entienden» y a desistir de intentar que las escuchen.

Para las personas con atención láser, el desafío está en reconocer la validez de las ideas que quizás perciban como difusas o presentadas aleatoriamente. Para las personas con atención de radar, el desafío está en disciplinar ese radar para comunicarse de forma tal que quienes tienen una atención más concentrada puedan escucharlas.

DISCIPLINAR EL RADAR

Hace un par de años obtuve una clase magistral acerca de la necesidad de disciplinar el radar cuando presenté un seminario para las cincuenta mujeres de más alto rango dentro de una empresa internacional de biotecnología. Sherry, la mujer con el rango más alto en el sector de operaciones (citada brevemente en el segundo capítulo) dirigía una enorme y lucrativa investigación sobre la diabetes y la práctica de desarrollo de producto. En un momento, le pregunté frente al resto del grupo cuál creía ella que había sido la clave de su éxito. Sin dudarlo, respondió: «Mi capacidad de ser concisa».

Sherry explicó que, antes de unirse a la empresa, había trabajado como médica en un consultorio privado. «Soy del sur de los Estados Unidos, así que desde luego que me gusta parlotear. Pero los veinte años de práctica me obligaron a disciplinar esa tendencia y volverme más concisa. Como médica, a menudo tienes mucha información compleja pero vital que debes comunicarle al paciente en un período de tiempo muy breve, debido a las restricciones de las compañías de seguros de salud. Es cuestión de vida o muerte, así que aprendes a concentrarte en lo que es más esencial. Si entras en demasiado detalle, corres el riesgo de abrumar al paciente con un exceso de información».

Esta habilidad le sirvió mucho en el entorno corporativo. Sherry dice: «En la mayoría de las organizaciones, hay cierto tono masculino que asigna mucho valor a la capacidad de ser claro al hablar. Los hombres sénior con los que trabajo tienden a tener períodos de atención muy cortos y solo se encuentran cómodos escuchando si vas al grano de inmediato. Apreciaron que yo entendiera desde el primer día cómo hacerlo. Me ayudo muchísimo, así que ahora paso mucho tiempo asesorando a mujeres brillantes que tienden a alargar su discurso para que hagan lo mismo» [4].

Así como las mujeres pueden beneficiarse de ser más disciplinadas en su concisión e ir al grano con mayor rapidez, los hombres también pueden beneficiarse de ser más disciplinados en su escucha paciente y estar más dispuestos a considerar que lo que ellos perciben como detalles irrelevantes pueden en realidad ser importantes. Y de reconocer que los datos, los cuadros y los gráficos no son necesariamente la historia al completo.

Como observa el gurú del liderazgo Tom Peters: «Lo rígido —los números— puede ser blando; esto es, fácil de manipular y útil a la hora de confirmar prejuicios. Y lo que hace tiempo que se considera blando —la construcción de relaciones, la empatía, el conocimiento intuitivo— resulta duro de llevar a cabo. Los hombres salen ganando cuando admiten esto» [5].

AFINAR LA SENSIBILIDAD: CUANDO LA EDAD NO ES SOLO UN NÚMERO

Cuando comenzó a haber picos de infecciones por COVID-19 en todo el mundo durante los primeros meses de 2020, la mayoría de las organizaciones enviaron a los empleados a sus casas a trabajar de forma telemática. Esta tendencia resultó tener muchos efectos positivos imprevistos. Pero ha complicado todavía más las dificultades causadas por las diferencias en el estilo de comunicación, sobre todo cuando se trata de personas de edades diferentes.

Por ejemplo, cuando la oficina pasó a la virtualidad de la noche a la mañana, una ejecutiva sénior de una empresa de tecnología se preocupó por sus empleados, en su mayoría *millenials* jóvenes o de la generación Z. «Quería saber cómo estaban y quería que supieran que me importaban, así que comencé a llamarlos por teléfono. Por supuesto, casi nunca respondían, así que más que nada acabé dejando mensajes de voz. Pero lo que me sorprendió fue que muy pocos de ellos me devolvieron las llamadas. En lugar de eso, me escribían por correo electrónico. Decidí que debía de haber algo de cierto en ese lugar común de que los más jóvenes tienden a evitar las conversaciones de viva voz».

Error, dice Lindsey Pollak, autora y *coach* que estudia los lugares de trabajo multigeneracionales. «Las personas jóvenes a las que llamó probablemente temieran interrumpirla si la llamaban. Los *boomers* crecieron llamando a todo el mundo por teléfono, así que están cómodos con eso. Pero muchos jóvenes asocian las llamadas telefónicas con que algo malo haya pasado. Para ellos, una llamada no programada puede percibirse como la señal previa a un despido. Además, no usan el teléfono muy a menudo, así que quizás no tengan mucha confianza en su habilidad para mantener una conversación telefónica»[6].

Las diferencias generacionales en las preferencias de comunicación abundan en el lugar de trabajo. Necesitamos reconocerlas y tenerlas en cuenta. Con frecuencia escucho a *baby boomers* —mi generación— quejarse de las malas habilidades comunicativas de las personas más jóvenes, usándose a sí mismos como referentes de cómo deberían ser las cosas. Un mejor enfoque sería apreciar las habilidades que aporta cada generación y los niveles comunicativos con los que se sienten cómodos. Para esto es necesaria la sensibilidad.

He aquí una breve lista formulada por Lindsey Pollak de las trampas que debemos evitar cuando nos comunicamos con personas de otras generaciones:

1. **Ten en cuenta que el significado de las palabras cambia con el tiempo.** Lindsey cita el ejemplo de un banco de inversiones que asignó deberes a sus empleados júnior. Los gerentes se molestaron cuando se dieron cuenta de que, en su opinión, habían «hecho trampa», porque se habían consultado las respuestas entre ellos. Sin embargo, en la opinión de los empleados, tan solo habían colaborado. Al estar acostumbrados a hacer sus deberes en grupos de estudio, lo veían como una forma de ser más productivos.

2. **Convierte el *feedback* en asesoramiento.** Ten en cuenta que los empleados júnior a menudo tienen poca experiencia respecto a la recepción de críticas. Es probable que los *millenials* se hayan criado en familias pequeñas con padres relativamente mayores que acostumbraban a alentar a sus hijos en lugar de corregirles. Quizás hayan asistido a institutos que entregaban trofeos de participación. Así que en lugar de las críticas o el *feedback* (que, seamos honestos, casi nadie aprecia a menos que lo hayamos pedido), el asesoramiento basado en la propia experiencia tiene más probabilidades de ser aceptado.

3. **Reconoce que la forma en la que tú defines cuál es la proporción aceptable entre vida personal y empleo quizás no aplique a todo el mundo.** Las tecnologías, que cada vez operan con mayor rapidez, han aumentado la presión de estar disponibles constantemente, lo que ha redefinido el significado de urgencia y ha convertido al trabajo en una cuestión de veinticuatro horas diarias. Los estudios que Lindsey llevó a cabo muestran que los trabajadores más jóvenes no solo se preocupan menos por los problemas de equilibrio entre vida y trabajo que emergen de esta realidad, sino que a menudo no reconocen esa dicotomía y muy sensatamente preguntan: «¿No es todo parte de mi vida?». A la vez, al haber crecido en un mundo donde la adicción al trabajo es endémica, los trabajadores más jóvenes tienden a sentirse perfectamente a gusto con frenar las exigencias excesivas y estableciendo sus

límites: «Esta semana tengo que irme de la oficina a las cinco de la tarde».

4. **Honra los diferentes niveles de sensibilidad.** Al haber sido entrenados desde jóvenes para detectar comentarios racistas, sexistas y homofóbicos, los jóvenes suelen tener detectores muy bien afinados y saltan con facilidad al sentirse ofendidos. Es importante que quienes hayan sido criados de otra manera no desestimen esto como una cuestión «progre» o «*woke*», sino que acepten que lo que definimos como apropiado evoluciona con el paso del tiempo. Los comunicadores efectivos deben tener esto en cuenta.

5. **Sé tolerante con el uso de auriculares.** Esto saca de quicio a muchos gerentes sénior. «¿Cómo puede ser que estén prestando atención?». Pero los empleados que crecieron haciendo los deberes con los auriculares puestos dicen que les ayuda a ser más productivos. Así que por qué no creerlos, a menos que detectes una marcada disminución de la productividad.

6. **Apréndete y respeta los nombres de todos.** Las entrevistas de salida que Lindsey mantuvo con trabajadores jóvenes revelaron que una de las principales quejas era que las personas con las que trabajaban nunca habían aprendido a pronunciar sus nombres. «La variedad de nombres ha explotado en las últimas décadas —señala— y estos se han convertido en un medio para expresar la individualidad. A la vez, las organizaciones se han vuelto más diversas». En este entorno, una actitud condescendiente y sentenciosa resulta irrespetuosa y degradante. Si te encuentras con un nombre que no conoces, simplemente pregunta cómo pronunciarlo. Y luego recuérdalo.

7. **Deshazte de las etiquetas.** A los medios de comunicación les encanta apiñar millones de personas diversas en diferentes categorías y asignarles etiquetas. Durante décadas hemos escuchado historias de la «guerra» imaginaria entre las mujeres que trabajan fuera del hogar y las que trabajan dentro. Desde

que los lugares de trabajo virtuales han hecho que esta distinción esté mayormente obsoleta, la atención se ha desplazado hacia las teóricas y diversas guerras intergeneracionales. Esto quizás sea útil si tu trabajo consiste en analizar tendencias demográficas a largo plazo y estás buscando algún tipo de patrón. Pero en el lugar de trabajo, etiquetar a las personas socava nuestra capacidad de vernos los unos a los otros como individuos, nos ciega ante lo que los otros pueden aportar y debilita nuestra capacidad de comunicarnos de maneras que nos unan.

«SON LOS PREJUICIOS LOS QUE NOS METEN EN PROBLEMAS»

Las etiquetas, desde luego, son una forma de estereotipar, es decir, el hábito de evaluar a determinados individuos basándonos en generalizaciones. Estereotipos como «los jóvenes viven enganchados a internet», «a las mujeres les gusta ir de compras», «los hombres solo hablan de deporte» o «los asiáticos trabajan mucho, pero no expresan sus opiniones» muestran más que nada las limitaciones de nuestra propia experiencia. Y socavan seriamente nuestros intentos por comunicarnos.

Conozco a pocas personas con más experiencia en ayudar a las personas a superar los estereotipos que Bev Wright, una *coach* ejecutiva con una carrera de treinta y ocho años contratando, desarrollando y formando talento en IBM. Bev también es la actual presidenta de *Dallas Dinner Table* (DDT), una organización sin fines de lucro que surgió de un grupo de exalumnos de *Leadership Dallas* como foro para reunir personas de diferentes orígenes y sectores. DDT nació como respuesta al brutal asesinato de un hombre afroamericano a manos de supremacistas blancos en Jasper, Texas, en 1998.

La primera experiencia de Bev con DDT sigue siendo un recuerdo vívido, porque le ofreció la oportunidad de ver sus propios prejuicios en acción. «Había un hombre blanco presente, un abogado como yo, que provenía del este de Texas. Yo no me críe allí, pero mis padres son de Nacogdoches, así que de niña solía ir durante el verano. Y tuve la oportunidad de ver cómo los hombres blancos de la región le hablaban a mi padre, como si no fuera en absoluto un hombre adulto. Como resultado, tenía muchos prejuicios sobre los hombres blancos del este de Texas. Y lo primero que decidí fue que no quería sentarme junto a ese hombre. Quería sentarme en cualquier otro sitio. Pero desde luego, fue allí donde me tuve que sentar».

El moderador de la mesa de Bev dejó en claro que las dos reglas básicas de DDT eran «venir tal cual», es decir, hablar de las experiencias que te han convertido en la persona que eres, y escuchar a los demás sin juzgar lo que tengan que decir. En este caso, no era una tarea nada fácil, pero Bev lo dio todo.

«Comencé pidiéndole al hombre con el que me habían sentado que me dijera qué lo había moldeado como persona. Y él me contó que había crecido en un mundo basado en la segregación racial absoluta. Dijo que hasta que no llegó al instituto no se enteró de que una palabra que él creía aceptable era en realidad un insulto racista. Mientras hablaba, hizo que ese mundo se volviera realidad para mí, así que intenté hacer lo mismo y le conté cómo lo que le había sucedido a mi padre me había hecho sentir respecto a los hombres blancos del este de Texas. Mientras hablábamos, vi cómo ambos empezamos siendo un par de páginas en blanco, dos niños, que poco a poco fuimos marcados por lo que los demás nos enseñaron. Y ahora aquí estábamos, años más tarde, intentando hablar entre nosotros sobre esas experiencias, siendo lo más honestos y directos que podíamos ser. Y se volvió evidente que la única manera de lograrlo era superar nuestros prejuicios y vernos como individuos, no representantes de uno u otro grupo».

Bev recuerda que su primer año en DDT fue extraordinario porque la política de «venir tal cual» permitía que las personas compartieran cosas que solían guardarse para sí. «Un hombre habló del resentimiento que sentía por la discriminación positiva porque le echaba la culpa de la muerte de la empresa de transportes de su padre. Le tenía rencor, pero, a medida que hablaba y nosotros escuchábamos sin juzgarlo, él mismo llegó a la conclusión de que su padre en realidad había sido un mal hombre de negocios. Se dio cuenta de que había estado intentando negárselo a sí mismo. Hablar honestamente con personas que lo escuchaban de verdad lo ayudó a reconocerlo y a empezar a abandonar su resentimiento» [7].

Varias de las reglas básicas de DDT pueden ayudarnos a todos a superar el hábito de tener las suposiciones genéricas que evitan que consideremos a los demás como individuos, lo cual es fundamental para comunicarnos a través de la verdad y el poder.

Algunas de estas reglas son:

- Hacer preguntas y luego escuchar las respuestas.
- Intentar entender en lugar de responder.
- Nada de debatir, nada de replicar, nada de contradecir, nada de «peros».
- Ser conscientes de nuestras propias reacciones.

«Estereotipar es la forma que tienen las personas perezosas de conocer a los demás», concluye Bev Wright. «Es lo opuesto a la comunicación real, que requiere escuchar a los individuos cuando comparten sus experiencias y estar dispuesto a compartir las propias. A menudo tememos hacer esto, y es por eso que la mayoría de las conversaciones sobre diversidad carecen de profundidad y se quedan en la superficie. Pero si no ahondamos en lo profundo, no podemos construir relaciones que se basen en la confianza».

La capacidad de superar los estereotipos no hará más que volverse más y más importante a medida que los lugares de trabajo sean más diversos. El escritor Jay Caspian Kang, cuya familia es de origen coreano, señala lo absurdo que resulta catalogar a personas que provienen de veinte países con culturas totalmente diferentes como «asiáticos». Dice que «meter en el mismo saco a médicos brahmanes y refugiados hmong» revela la absurdidad de la mayoría de las clasificaciones demográficas, lo mismo que el intento por identificar este grupo enorme como «no blanco»[8].

Al igual que la mayoría de los intentos por asignar a los individuos una identidad de grupo, este tipo de categorización también inhibe nuestra capacidad de comunicarnos bien. Esto es porque nadie —absolutamente nadie— quiere que se dirijan a él o a ella como si fuera el representante de un grupo más grande. No somos clichés: cada uno de nosotros es único en su especie.

PROFESIONALES

En los años ochenta y noventa, cuando pocas mujeres tenían posiciones de influencia, no dejaba de preguntarme cómo podía ser yo misma y a la vez demostrar mi potencial y encontrar mi lugar en una cultura laboral en la que los hombres seguros de sí mismos marcaban la pauta. Mis tímidos intentos por adaptarme a menudo me hacían ser incapaz de hablar o me llevaban a soltar una verborrea nerviosa.

En las décadas que siguieron, a medida que mi trabajo se volvió más internacional, pasé mucho tiempo pensando en cómo adaptar lo que yo ofrecía a las necesidades de públicos muy diferentes. Esto añadió un nuevo nivel a mi confusión. Como todo el tiempo dudaba de mis palabras («¿ha sido apropiado lo que he dicho? ¿Debería haber dicho otra cosa en este contexto?»), tenía dificultades para hablar con una voz clara.

Luego, mi colega Bill Wiersma me envió una copia anticipada de su libro emblemático *The Power of Professionalism* (*El poder del profesionalismo*)[9].

Bill argumenta de forma convincente que considerarnos profesionales puede ayudarnos a sentirnos más seguros en varias situaciones. Para mí, ese fue un momento de epifanía. Me di cuenta de que gran parte de mi falta de confianza tenía sus raíces en el hecho de que yo siempre pensaba en mí misma como una mujer, una estadounidense o ambas cosas. Este énfasis en la identidad provocaba me sintiera apartada, en lugar de parte de algo.

En contraste, aspirar a ser una profesional, alguien que se compromete a algo y cumple con ello conforme a sus valores, sin priorizar esos valores por encima de todo lo demás, hizo que de inmediato me sintiera conectada a todas las personas que habían llegado a un compromiso similar, sin importar su cultura u origen.

Así que en lugar de preguntarme si debía ser menos asertiva, o si necesitaba calibrar mis palabras para adecuarme a las personas cuyas experiencias fueran diferentes a las mías, empecé simplemente a preguntarme si una respuesta o discurso en particular me mostraba como una profesional.

Al hacerlo, esos límites que había estado intentando superar con tanta ansiedad se evaporaron.

El profesionalismo es un gran igualador. Un empleado joven puede ser más profesional que un gerente sénior. Una enfermera puede ser más profesional que un cirujano muy cualificado. Un consultor externo contratado para escribir un discurso puede ser más profesional que el pez gordo que lo pronuncia.

El profesionalismo tampoco se limita a quienes tradicionalmente han sido considerados profesionales: abogados, banqueros, contadores y consultores.

En realidad, un profesional es cualquier persona que se adhiere a un código ético y trabaja de forma diligente y fiable. Bill señala que los electricistas, peluqueros, cuidadores de niños, carpinteros, carteros y trabajadores de primera línea pueden ser mucho más profesionales que quienes tienen titulaciones universitarias. En sus propias palabras: «Los profesionales pueden tener doctorados de las universidades más prestigiosas o bien de la escuela de la vida».

Una vez que comienzas a prestar atención, verás ejemplos de profesionalismo por doquier. En el cuarto capítulo vimos cómo Alan Mulally asumió el liderazgo de Ford a pesar de no tener un pasado como «hombre de coches». Lo que hizo fue aportar un compromiso profundo a comportarse como un profesional y hacer que los demás aceptasen la responsabilidad de hacer lo mismo.

Y vimos a la vicealmirante Sandy Stosz demostrar su profesionalismo al combatir de forma silenciosa pero estratégica los intentos de su supervisor de asegurar su fracaso como la primera mujer en comandar uno de los principales barcos de la Guardia Costera. En contraste, su supervisor, con su exceso de confianza y actitud intolerante, era la definición misma de la falta de profesionalismo.

Basándome en la obra de Bill, estas son mis propias reglas para actuar y hablar como un o una profesional:

- Los profesionales respetan el tiempo de los demás; llegan a tiempo y se esfuerzan por ser concisos.
- Los profesionales demuestran paciencia; escuchan con atención y evitan mostrarse impacientes.
- Los profesionales no se quejan; entienden que las cosas no siempre salen como las planean, así que aceptan los contratiempos y siguen adelante.
- Los profesionales no participan del cotilleo; se guardan los comentarios e historias negativas para sí.
- Los profesionales ayudan a brillar a los demás; no monopolizan la conversación y son generosos en sus elogios.
- Los profesionales muestran su apreciación; se esfuerzan en mostrar agradecimiento hacia cualquier persona que los ayude a realizar su trabajo.
- Los profesionales se esfuerzan por comunicarse con claridad; piensan las cosas antes de hablar para expresar exactamente lo que quieren decir.

CLARIDAD

Ahondemos un poco más en este último punto sobre la claridad. Porque ser claro es a menudo muy difícil.

En mis seminarios, suelo pedirles a los asistentes que escriban una declaración de intenciones, una oración simple de treinta segundos que describa qué es aquello con lo que más quieren aportar en el trabajo. Esto suena fácil, pero en la primera ronda suelo recibir una verborrea repleta de conceptos novedosos acompañados de abstracciones poco específicas y generalizaciones: «Busco ser parte de una transformación». «Mi misión es que mi equipo alcance todo su potencial». «Quiero inspirar y atraer al mejor talento».

El problema de esas declaraciones es que no transmiten ninguna idea de quién es la persona que las dice, cómo planea llegar a su meta o por qué le importa hacerlo.

Les pido que sigan escarbando, que sean específicos. ¿Qué quieren decir con «transformación»? ¿Cómo lo harían para ser parte de ella? ¿Qué harían en particular para lograr que el equipo alcanzara su potencial? ¿El potencial de qué, exactamente?

Luego de insistir un poco, los participantes inevitablemente se abren camino entre esa verborrea y se interrumpen a sí mismos: «Lo que en realidad quiero decir es...».

Y entonces suelen ofrecer una declaración clara y concisa que describe, con palabras personales y convincentes, qué es aquello con lo que más quieren aportar al trabajo.

En palabras de una asociada de un bufé de abogados: Quiero hacer que nuestra empresa se comprometa a mantener un entorno colegiado y que para eso contrate personas que se traten bien entre ellas.

En palabras de un director de cumplimiento normativo: Busco entrenar un equipo que pueda detectar posibles problemas de cumplimiento normativo antes de que sucedan para crear una cultura en la que las cosas se hagan bien.

En palabras de una gestora sanitaria: Desarrollo comunicados escritos que ayudan a las personas a entender cómo los servicios de nuestra empresa benefician a la salud pública.

Llevar a cabo este ejercicio siempre me hace entender lo mucho que hay que pensar para llegar a ser claros, no solo al redactar una declaración de intenciones, que es algo difícil de por sí, sino cuando nos preparamos para hablar de cualquier cosa importante. La claridad no es algo que ocurra por sí solo. Incluso los comunicadores más hábiles necesitan pensar qué es exactamente lo que quieren decir y luego buscar las palabras más simples y directas para expresar dichos pensamientos.

Hacer esto ayuda a que los demás se involucren con lo que decimos. Porque lo cierto es que es más probable que reconozcamos cuál es nuestra idea principal cuando nos escuchamos anunciarla en voz alta. Algo que puede ser de particular ayuda es hablar con amigos o colegas que nos digan cuándo sonamos erráticos o perdemos el hilo. No es ninguna sorpresa que las personas que son hábiles para contar historias y chistes siempre ensayen su material con otras personas.

Ser claros también requiere usar un lenguaje que quienes nos escuchan no deban descifrar. Así que queremos evitar frases rimbombantes, ciertos conceptos de moda y eufemismos. Somos más efectivos cuando nos ceñimos a las palabras que usaríamos si estuviéramos hablando con amigos o algún miembro de nuestra familia. Además, las frases rimbombantes nos llevan a querer abarcar demasiado y a escapar de los aspectos básicos de lo que tenemos intención de lograr. De acuerdo, quieres «ser parte de una transformación». ¿Pero *cómo*?

El problema con los conceptos de moda y la jerga corporativa, como «disrupción», «el viaje del cliente» y «crecimiento acelerado» (ni qué hablar de «*humaning*»), al igual que con los acrónimos de mercadotecnia y recursos humanos, como «CX», «CRM», «CRO» y «ROI», es que logran sonar tan vagos como robóticos. Como han sido sobreutilizados y aplicados a un número enorme de situaciones, se han vuelto muy subjetivos, es decir que nuestros oyentes nunca pueden estar del todo seguros de qué es lo que queremos decir. Como lo señala la revista *Inc.*, los conceptos de moda y la jerga corporativa sirven más que nada para hacer que las personas inteligentes suenen tontas. Un lenguaje fresco siempre tiene más impacto, más fuerza.

Por último, como los eufemismos sirven más que nada para enmascarar lo que queremos decir, son imprecisos por naturaleza. Sin embargo, nuestras conversaciones laborales están cada vez más plagadas de ellos y esto afecta la forma en la que pensamos sobre nuestros colegas. «Él es de una minoría». «A ella la contrataron por cuestiones de diversidad». ¿Qué significa eso exactamente? ¿Que él es afroamericano? ¿Que ella es de Camboya o del Caribe? ¿Es necesario señalar esas circunstancias? Y si lo es, ¿por qué evitamos ser específicos?

Es útil reconocer que intentar ocultar un hecho simple bajo la amable neblina de un eufemismo implica, por más que no queramos, que ser directos sería ofensivo. Así que por más que creamos que estamos siendo «buenos» al usar una palabra como «diversidad» para describir a un ser humano, lo que demostramos más que nada es que nos sentimos incómodos hablando de personas que percibimos como diferentes a nosotros.

Esa difícilmente será la receta para la riqueza de la diversidad.

6

QUINTO DETONANTE:
NO ES JUSTO

Nos elevamos juntos cuando reconocemos hasta qué punto decir
«no es justo» es una causa perdida

Creer que nos han tratado injustamente puede ser un detonante más potente que cualquier otro, uno que avive las llamas del resentimiento, la ira, la frustración y la decepción. Marshall Goldsmith incluso describe la injusticia como «una constante máquina detonadora»[1]. La máquina se activa al máximo porque, a pesar de tener pruebas de que la vida puede ser, y a menudo es, injusta, no dejamos de creer que *deberíamos* recibir un trato justo.

Claro que deberíamos. Y en un mundo ideal lo recibiríamos. Pero ese no es el tipo de mundo en el que la mayoría de nosotros vivimos y trabajamos. El verdadero problema es cómo gestionamos el sentirnos tratados injustamente. ¿Encaramos la situación de manera directa e intentamos apaciguarla? ¿O hacemos crecer cualquier sensación de injusticia hasta convertirla en una ofensa imperdonable? ¿Y cómo trabajamos con aquellos que creemos que, por otro lado, se han beneficiado de forma injusta?

Estas son preguntas polémicas, sobre todo cuando agregamos género, raza o etnia a la mezcla. Una clave para evaluar cómo abordarlas es determinar su grado de importancia relativa. Esto puede ser difícil en la era posterior al movimiento *MeToo* en la que se nos ha alentado a estar alerta ante cualquier sensación de agresión externa. Hay mucha gente, en particular los jóvenes, preparados a través de la experiencia universitaria para estar atentos a microagresiones y microdesigualdades, e incluso para equipararlas con casos activos de discriminación, acoso o racismo.

No cabe duda de que los patrones de prejuicios notorios y constantes requieren la intervención de recursos humanos, y quizás incluso el sistema legal. Los problemas sistémicos deben recibir respuestas sistémicas. Pero ¿qué sucede con las situaciones no tan terribles que surgen en el día a día y tienen la capacidad de irritarnos, hacer que nos bloqueemos y arruinar nuestras relaciones? ¿Qué sucede con nuestras percepciones cotidianas de injusticia?

Si queremos crear un entorno diverso debemos estar preparados para abordarlas una por una. No nos sirve simplemente suprimir nuestros sentimientos, montar en cólera por dentro mientras intentamos seguir adelante. Esto puede hacer que nos sintamos disminuidos y quizás terminemos sintiéndonos desconectados de un trabajo que de otra forma disfrutaríamos. Pero adoptar la táctica contraria —reaccionar públicamente o transmitir una queja formal— puede ser contraproducente, y a menudo lo es. Por lo tanto, queremos pensar con detenimiento si realmente queremos recurrir a la artillería pesada por no haber recibido el ascenso que esperábamos o no estar de acuerdo con el estilo de liderazgo de nuestro jefe.

TRAGARSE EL ORGULLO

Erica, una líder talentosa de una empresa financiera internacional, se enfrentó al detonante de la injusticia al principio de su carrera. Ella y su colega Louis habían sido seleccionados para coliderar un laboratorio de innovaciones que su banco estaba preparando para explorar maneras nuevas de llegar a las pequeñas empresas.

Erica recuerda: «Yo era una persona creativa, se me daba bien la innovación, y además había tenido experiencia con pequeñas empresas como clientes. Así que me veía como la candidata perfecta para el laboratorio. Conocía a Louis porque la empresa nos había contratado al mismo tiempo y habíamos hecho las prácticas juntos. Me gustaba, pero lo veía como un pensador más bien convencional, el tipo de persona corporativa que sigue el manual a rajatabla. Me sorprendió cuando nuestros superiores lo eligieron a él para el proyecto, pero imaginé que probablemente quisieran a alguien que estuviera más comprometido con el *statu quo* para equilibrar la energía creativa del equipo».

El laboratorio demostró ser exitoso rápidamente y varias de las ideas que Erica había tenido para colaborar con los clientes se pusieron en marcha. Luego el banco decidió convertir el laboratorio en una división a todos los efectos dentro del sector de la mercadotecnia para clientes. «Di por hecho que me elegirían a mí para dirigirla», dice Erica. «Tenía la experiencia y las habilidades, y el equipo recurría a mí cuando necesitaban soluciones. Así que me quedé atónita cuando ascendieron a Louis, aunque en realidad, en cierto modo, no fue para nada sorprendente, porque al banco se le daba muy bien lo de ascender a los hombres».

Erica intentó tragarse la decepción, pero tener a Louis como jefe fue un desafío desde el primer día. «No podía superar el resentimiento de tener que trabajar para alguien a quien veía como menos calificado que yo. Sabía que Louis sentía que algo ocurría, así que yo esperaba que dijera algo, a pesar de saber que tenía aversión a los conflictos y que era inútil esperar que lo hiciera. Sobra decir que nuestra relación era cada vez más tensa, lo cual afectaba al equipo entero. Hacíamos nuestro trabajo, pero por dentro yo estaba que me subía por las paredes».

La situación llegó a un punto crítico una tarde cuando Louis vetó un proyecto que Erica había estado desarrollando con un grupo de clientes comerciales. «Me sentí humillada por el hecho de tener que decirle a los clientes que una idea a la que yo los había convencido de unirse no iba a llevarse a cabo, lo que básicamente les transmitiría el poco poder que yo tenía. Estaba furiosa y decidí que lo mejor era irme a casa temprano. Creí que si me quedaba, terminaría echándole la bronca a Louis».

Cuando estaba saliendo, Erica escuchó a Louis hablar maravillas de una nueva panadería que había abierto cerca de la oficina. Con la idea de consolarse con algún capricho, Erica pasó por allí de camino a su casa. Estaba a punto de tragarse un delicioso pastel de crema cuando de pronto pensó en la expresión «tragarse el orgullo».

«No sé qué me hizo pensar en esa frase, pero de pronto me di cuenta de que lo que necesitaba hacer era tragarme el orgullo. Es decir, necesitaba aceptar que no me habían elegido para el puesto. Podía ser injusto, y probablemente lo fuera. Pero martirizarme mentalmente no me servía de nada *a mí*. Además de estar arruinando mi relación con Louis, quien a fin y al cabo era ahora mi jefe».

Erica compró el pastel de crema. Y cuando llegó a su casa, buscó las acuarelas y confeccionó un elaborado cartel para pegarlo a la caja. Entre florituras y volutas se podía leer:

PARA ACOMPAÑAR EL ORGULLO QUE ERICA SE HA TRAGADO

La mañana siguiente, entró al cubículo de Louis y posó la caja sobre su escritorio. Él la miró durante un momento y luego dijo: «¿Tú tragarte el orgullo?».

Eso hizo que Erica soltara una carcajada y los dos comenzaran a reírse. Ella cuenta: «Nos reímos hasta que nos dolió el estómago. Luego Louis abrió la caja, cortó dos porciones y nos quedamos sentados allí en su cubículo, comiendo hasta reventar. Los demás se nos quedaban mirando. No estaban acostumbrados a vernos juntos. Además, ¿quién come pastel de crema después del desayuno?».

Cuando terminaron de comer, Louis miró a Erica a los ojos y dijo: «Tengo la sensación de que hay algo que quieres decirme».

Habiendo apaciguado su ira con la situación, Erica pudo ser honesta. «Le dije que me resultaba difícil tenerlo como jefe porque creía que yo me merecía ese puesto. Le dije que creía que mis capacidades eran más adecuadas y que yo había contribuido más al laboratorio. Además, creía que era injusto que el banco siempre ascendiera a los hombres, incluso cuando había mujeres calificadas».

Louis le respondió que era consciente del resentimiento, pero que había esperado que se le pasara lo cual admitió que no había sido la estrategia más valiente. Luego señaló que eso ya no era un proyecto de laboratorio de ideas, sino un proyecto de gerencia, que era algo diferente. «Para ser parte de la gerencia hay que cumplir con varios requisitos», le dijo él. «Mientras tú estabas siendo creativa, yo me estaba ocupando de eso. Así que si tu meta es conseguir un puesto en la gerencia, quizás deberíamos hablar de qué es lo que puedes hacer para lograrlo».

A medida que Louis explicaba qué es lo que él creía que era necesario, Erica se dio cuenta de que ella no tenía ningún interés en cumplir con esos requisitos como él lo había hecho. «Al fin de me di cuenta de que la empresa lo había elegido *justamente* porque representaba el *statu quo* y era diplomático, porque era una persona que encajaba a la perfección con la cultura gerencial. Yo no era esa persona, ni tampoco quería serlo. Le dije eso y él me respondió: "De acuerdo. Entonces hablemos de qué camino podría servirte a ti"».

Eso inició una conversación que se mantuvo en el tiempo y que ayudó a Erica a clarificar el tipo de carrera que quería tener en realidad. «Louis tenía sugerencias sobre cómo podía posicionarme mejor. Me ayudó mucho porque su perspectiva era muy diferente a la mía. De pronto, en lugar de tener un rival, tenía un aliado en un puesto de influencia que me estaba ayudando a ver el panorama completo, más allá de este trabajo y ascenso en particular».

Al mirar hacia atrás, Erica cree que su inusual jugada con el pastel fue lo que acabó con la tensión que había estado afectando su capacidad de trabajar con Louis. Fue un indicador de que deseaba ser honesta sobre su resentimiento, pero mostraba su generosidad y sentido del humor. Ella explica: «Esa acción un poco absurda me hizo salir de mi mentalidad de víctima. Yo era la que estaba cargando con ese resentimiento, así que era yo la que debía abordarlo. Lo del pastel fue un gesto impulsivo, pero demostró ser un punto de inflexión. No solo en ese empleo, sino en mi carrera profesional»[2].

AGRAVIOS Y CAMBIOS CULTURALES

Erica creyó, y todavía cree, que el género jugó un papel en el hecho de que no la ascendieran. Pero decidió no centrarse en eso. «Me di cuenta de que si lo hacía y convertía el agravio en una cuestión social, me estaría dando un motivo para no pasar página. Me resultaba más útil verlo como una señal de que debía comenzar a pensar más en serio sobre hacia dónde quería ir».

Una década más tarde, Erica se encontró ocupando un puesto sénior en el que a menudo se le pedía que aconsejara a mujeres que creían que habían recibido un trato injusto. En sus palabras: «La percepción que ellas tenían de que el género había jugado un papel no solía estar muy equivocada. La injusticia existe, es algo muy real, aunque poco a poco las cosas están mejorando, al menos en nuestra empresa. Pero si no es un caso amenazante o intolerable, por lo general creo que vale la pena buscar la manera de apaciguar la situación. Eso no significa reprimir el resentimiento. Eso nunca funciona y te carcome por dentro. Pero sí significa encontrar la forma de actuar de manera tal que puedas avanzar hacia adelante sin quemar tus puentes».

El enfoque de Erica presenta una pregunta interesante. Si tratamos a los ejemplos de injusticia diaria como obstáculos personales que debemos manejar y sortear en lugar de oportunidades para desafiar al sistema en general, ¿no nos arriesgamos a socavar la capacidad de nuestra organización para progresar? ¿No hay que romper algunos huevos si aspiramos a impulsar un cambio positivo a largo plazo?

Esta perogrullada es cierta, pero ignora la realidad de que la persona que rompe esos huevos termina rompiéndose a ella al mismo tiempo.

La realidad es que la política del poder siempre juega un papel en las decisiones que se toman en las organizaciones. Así que no queremos enfrentarnos al sistema de forma ingenua. Como el gurú del liderazgo Peter Drucker nunca se cansaba de decir: «Las decisiones las toma la persona que tiene el poder de tomar decisiones»[3]. No es necesariamente la mejor persona, la más sabia, la más calificada ni la más perspicaz, sino la persona que tiene el poder debido a la posición en la que se encuentra.

Cuando desafiamos esa toma de decisiones de forma pública, estamos enfrentándonos a la estructura de poder. Así que a menos que tengamos un problema muy convincente y un apoyo fuerte por parte de aliados bien posicionados, es posible que nos quedemos allí colgados y expuestos mientras las personas que esperábamos o estábamos seguros de que nos respaldarían se alejan. Esto suena duro, y no es un reflejo de cómo a la mayoría le gustaría que funcionara el mundo. Pero si elegimos desafiar al sistema, debemos tener en cuenta dónde se ubica el poder.

Además, abordar las inequidades diarias a nivel individual no significa abandonar la lucha por cambios más generales. Dado que las empresas tienden a ser más justas y equitativas como consecuencia de una mayor diversidad en el liderazgo, lo que sea que aumente la posibilidad de que aquellas personas que han experimentado injusticias alcancen posiciones de autoridad e influencia alberga un gran potencial para alentar el cambio sistémico. Así que trabajar para ser lo más exitosas que podamos ser puede en realidad ser un camino efectivo para construir una cultura más justa.

EN BUSCA DE UN CAMPO DE JUEGO NIVELADO

Ignorar nuestro radar de injusticias puede ser difícil por muchos motivos. Uno es la fuerte respuesta emocional que la mayoría de nosotros tenemos cuando percibimos que nos han tratado injustamente. Otro es el entorno social y político, que en las últimas décadas nos ha alentado a concentrarnos en los agravios y las divisiones, y nos ha mantenido alerta ante cualquier daño potencial. Los términos como «micromachismo» dejan esto en claro, al igual que las acusaciones de «discriminación positiva».

Pero también nos cuesta alinear nuestras expectativas con la realidad porque estamos preparados para creer que nuestras organizaciones funcionan, y deberían funcionar, como meritocracias que asignan recompensas de forma rigurosamente proporcional a las contribuciones. La premisa que subyace a la meritocracia es que quienes se esfuerzan, serán recompensados, lo que por extensión implica que cualquier persona que no sea recompensada ha fallado de una u otra manera.

Si bien la mayoría de nosotros sabemos por experiencia propia que estar en el lugar indicado en el momento justo y conectar con las personas correctas (a menudo por pura coincidencia) ha jugado un papel determinante en la construcción de nuestro camino, a menudo preferimos atribuir nuestro éxito por completo a nuestros propios esfuerzos. Podemos resistirnos a reconocer el papel que ha jugado la fortuna, ya sea buena o mala, porque hacerlo haría que nuestra vida y nuestra carrera parezcan producto del azar, y eso disminuiría el orgullo que sentimos por nuestros esfuerzos.

Las personas que consiguen un enorme éxito en sistemas que dicen ser meritrocráticos a menudo justifican las recompensas extremadamente desproporcionadas señalando lo mucho que se han esforzado, como si un padre o una madre solteros que tienen que conservar dos o tres empleos para llegar a fin de mes pudieran disfrutar beneficios similares si tan solo pusieran algo de empeño. Así es como algunas personas hacen todo tipo de acrobacias mentales y asumen posiciones indefendibles antes que admitir una de las verdades más evidentes: que la suerte, las circunstancias y las condiciones en las que nacemos y somos criados ofrecen ventajas desproporcionadas a algunos y desventajas a otros. Y que, si bien el esfuerzo suele ser un factor del éxito, rara vez suele ser suficiente por sí solo.

La terminología deportiva, usada con frecuencia para describir nuestras vidas laborales, también puede confundir nuestras expectativas con respecto a lo que se considera justo. Los deportes nos enseñan muchas lecciones útiles sobre la perseverancia, la determinación, el trabajo en equipo y la paciencia que se necesita para desarrollar habilidades complejas. Pero la cultura del deporte no ofrece demasiada ayuda para los entornos en los que las políticas deben ir moldeándose con tal de adaptarse a las condiciones cambiantes del mundo profesional, las disrupciones tecnológicas, los reveses globales y el significado, en constante evolución, de lo que significa ser un líder. Aunque a menudo hablemos de ellas como si lo fueran, nuestras carreras profesionales no son un partido ni un juego. Las condiciones que moldean a las organizaciones no son nunca estáticas y las reglas básicas varían para adaptarse a estas, así que la analogía con un partido, del deporte que sea, pocas veces es adecuada.

De igual modo, la metáfora de «nivelar el terreno de juego» para hablar de una igualdad de condiciones, que también es una adaptación del lenguaje deportivo, tampoco se corresponde demasiado con la forma de funcionar de la mayoría de las organizaciones.

Los deportes existen en el mundo físico, lo que significa que un buen diseño y la maquinaria correcta pueden hacer que el terreno de juego real esté lo suficientemente nivelado como para evitar anomalías que favorezcan todo el tiempo a un equipo u otro (la enorme pared verde del campo de beisbol de Fenway Park es quizás una excepción). En las organizaciones, por el contrario, el campo es metafórico, un terreno imaginario en el que individuos con ventajas muy variadas empiezan en niveles diferentes y se topan con obstáculos distintos. Llegar a conocer el terreno puede requerir algo de información interna. Una bola curva significa algo en el campo de béisbol y otra cosa en el proceso de evaluación del rendimiento. En las organizaciones, el campo siempre está cambiando bajo nuestros pies.

¿LAS REGLAS? ¿LAS REGLAS DE QUIÉN?

O veamos el caso de las reglas. Aquí también pueden confundirnos las analogías con el deporte.

Los deportes se desarrollan en un espacio y un tiempo definidos, y se rigen por reglas que pueden ser enumeradas, consultadas, examinadas y cuestionadas. Esto hace que sea posible decidir qué es objetivamente justo dentro de esos parámetros delimitados. Además, en los deportes siempre hay un árbitro o juez de silla que tiene la palabra final. Incluso las personas que están dentro del campo y tienen el mayor poder —el entrenador, la superestrella, el dueño del equipo— pueden ser expulsados si el árbitro se opone muy enérgicamente a su conducta. En los deportes, las reglas están por encima de la posición.

Las organizaciones, por el contrario, operan conforme a reglas expresas, pero también tácitas, y reflejan líneas de autoridad difusas u opacas. Para dar un ejemplo evidente, el plan estratégico para la empresa entera pudo haber sido diseñado por un consultor externo con cero participación en su ejecución, lo que significa que no hay a quién recurrir cuando algo sale mal. La influencia y las relaciones personales también juegan un papel desproporcionado a la hora de determinar dónde se asigna el poder dentro de una organización, y ese es uno de los motivos por los que las objeciones basadas en las reglas a menudo son ignoradas. En las organizaciones, el poder y las reglas bailan unos con otros y se entrecruzan. Claro que esto también aplica a las oficinas de cualquier empresa deportiva, en contraste con lo que sucede en el terreno de juego.

La cuestión de lo justo y lo injusto, un concepto que puede ser cambiante dentro de las organizaciones, puede crear un entorno en el que cuestionemos las creencias de los demás porque nuestras propias experiencias generan interpretaciones extremadamente diferentes. Esto hace que la cultura se mueva en un estado de agitación constante que puede tener efectos tanto positivos como negativos.

Por el lado positivo, en las últimas décadas, las personas que pertenecen a grupos no dominantes han sido implacables en cuanto a la concienciación sobre el papel que juegan los prejuicios en la contratación, el ascenso y la evaluación del desempeño. Como consecuencia, ahora es más probable que quienes tienen una posición que les permite tomar decisiones reconozcan e intenten resolver la injusticia sistémica. Por ejemplo:

- ¿Por qué no hay mujeres en esta lista de candidatos para el puesto de vicepresidente?
- ¿Es posible que estos criterios perjudiquen a los candidatos que pertenecen a una minoría?

- ¿Deberíamos ampliar la red en lugar de siempre favorecer a los graduados en instituciones de élite?

Estas observaciones, que hoy en día son muy frecuentes, no solían escucharse en el pasado. Como observa Marshall Goldsmith: «Es probable que nunca haya existido un momento en la historia en la que los líderes sénior hayan sido menos racistas y sexistas que en la actualidad. Pero tampoco ha habido un momento en el que se hayan registrado más reclamaciones» [4].

Si bien estas reclamaciones ejercen presión sobre la cultura en un sentido más amplio, adoptar un enfoque negativo como individuos puede hacer que nos atasquemos, que nos enfrentemos entre nosotros de manera que nuestras diferencias se profundicen y nuestra tendencia humana a juzgar se intensifique. El resentimiento puede hacer que nos limitemos a socializar con personas de nuestro lugar de trabajo que percibimos como similares a nosotros, o que busquemos confirmación de las narrativas que sostienen que nosotros nunca recibimos un trato justo porque... (completa este espacio con lo que te parezca). O quizás nos retraigamos, nos desanimemos y decidamos que «no vale la pena» porque nos sentimos ignorados y poco apreciados.

Es así como el detonante de la justicia o injusticia puede socavar nuestra capacidad de aprovechar nuestros talentos al máximo, colaborar de forma más amplia, concentrarnos en el panorama general y disfrutar de nuestro trabajo. La energía negativa que impulsa muchas de las narrativas de «no es justo» también puede disminuir nuestra capacidad de abogar efectivamente a favor de los mayores cambios que queremos que se implementen.

CUANDO QUEDAMOS ATRAPADOS EN EL FUEGO CRUZADO

A medida que las empresas intenten crear culturas más inclusivas, quienes forman parte del grupo dominante (hombres blancos en gran parte de Occidente, hombres japoneses en Japón, etc.) pueden llegar a encontrarse ellos mismos en las garras del «no es justo». La toxicidad que esto crea puede descontrolarse cuando un cambio de liderazgo no concuerda con las expectativas establecidas.

Hace un par de años, trabajé con Alex, un diseñador joven en una gran empresa de fabricación de piezas automotrices. Como había sido el único hombre en su grupo de estudio en la carrera de diseño industrial, había entrado a su nuevo lugar de trabajo creyendo que tenía una mejor relación con las mujeres que con los hombres. Pero esa creencia fue puesta a prueba cuando la empresa llevó a cabo un esfuerzo de perfil alto para la contratación, el ascenso y la promoción de más mujeres en el lugar de trabajo.

La iniciativa comenzó después de que un estudio muy publicitado realizado por una consultora internacional ubicara a la empresa de Alex entre el último veinte por ciento de su sector en cuanto a la representación femenina en niveles superiores al administrativo. Poco después de que ese hallazgo llegara a los titulares, el director ejecutivo convocó a una conferencia de prensa para anunciar el compromiso de la empresa a cuadruplicar la representación femenina en los próximos cinco años, duplicar los índices de ascenso y convertirse en uno de los «empleadores preferidos» de las mujeres[5].

«Nuestro plan es actuar rápido», declaró. «El cambio empieza hoy. Prestad atención».

Se contrató a un nuevo equipo de recursos humanos que estaba trabajando para un competidor y se le asignó la tarea de revisar los criterios de contratación y rendimiento de la empresa. El equipo descubrió ejemplos de injusticia significativos.

- Un *software* de reclutamiento automático penalizaba a cualquier persona que hubiera interrumpido su carrera por un tiempo, lo cual afectaba de manera desproporcionada a las mujeres.
- Los salarios a menudo se ajustaban para reflejar lo que los candidatos habían ganado antes, lo que significaba que quienes ganaban poco, seguían ganando menos.

- Las evaluaciones de rendimiento de los hombres blancos a menudo hacían referencia a su «potencial», algo que rara vez aparecía en las evaluaciones de las mujeres o las personas de color.

Basándose en esta información, el equipo de recursos humanos desarrolló nuevos parámetros e hizo que los líderes de la empresa realizaran una formación de dos días. Además de abordar desigualdades específicas, el equipo también ajustó los salarios de los gerentes de manera que reflejaran la cantidad de empleadas mujeres que habían ascendido durante el año. Los resultados se evaluaban en una curva, es decir, de forma relativa a los demás gerentes, de modo que competían entre ellos.

Alex, inmerso en los detalles del diseño de los faros delanteros, no prestó demasiada atención, aunque era consciente de que varias mujeres que habían sido contratadas a la misma vez que él estaban ascendiendo con mucha velocidad. Él explica: «Tiendo a evitar las políticas de oficina y a creer que nuestros líderes son en su mayor parte justos, así que me imaginé que las mujeres que estaban siendo ascendidas debían habérselo ganado. Algunos hombres estaban protestando, pero yo sabía que lo mejor era mantenerme al margen de todo eso».

La situación se volvió más complicada para Alex cuando su gerente lo mandó a un seminario intensivo sobre prejuicios inconscientes impartido por un consultor de diversidad externo invitado por el nuevo equipo de recursos humanos. «Tuvo lugar fuera de las oficinas y mi viaje se retrasó, así que llegué tarde al hotel, de noche, después de la orientación», recuerda Alex. «Cuando llegué a la habitación, encontré una caja sobre la cama que decía "sé consciente de tus privilegios"».

La caja estaba acompañada por un sobre que incluía papeles en blanco e instrucciones. Los participantes debían escribir todos los privilegios que hubieran experimentado en la vida. Alex dice: «Mi familia era bastante pobre, pero mis padres lograron permanecer juntos a pesar de todo, así que escribí "familia intacta". Soy listo, pero no estaba seguro de que eso calificara como un privilegio. Como tuve que trabajar durante toda mi carrera de diseño, tardé seis años en graduarme, así que no consideraba que mi título fuera un privilegio. Desde luego, sabía que tenía que escribir "hombre blanco", por más que ser hombre no parecía ser un gran privilegio en la empresa en ese momento, a menos que ya estuvieras en el nivel directivo superior. Pero imaginé que, si no lo escribía, me lo echarían en cara durante las sesiones».

Su intuición era correcta. La mañana siguiente, el formador leyó todos los enunciados en voz alta, y confirmó que todos los hombres blancos eran privilegiados. Luego el formador pidió a los participantes que hablaran de cómo se habían sentido al escribir lo que escribieron, y que fueran lo más honestos que pudieran. «No temáis dejaros llevar», insistió. «Este es un espacio seguro».

Algunas mujeres, sobre todo las que habían estado en la empresa hacía tiempo, dijeron que el ejercicio había hecho que se dieran cuenta de lo injusto que había sido el trato que habían estado recibiendo. Alex recuerda: «Dieron ejemplos de todas las veces que los hombres de la empresa las habían criticado. Y todas las veces que sus contribuciones habían sido pasadas por alto o que ellas habían sido blanco de comentarios denigrantes. Algunas de las historias eran terribles, y era fácil ver por qué muchas de las mujeres pensaban que los hombres eran completamente ajenos a ello y se creían naturalmente con más derechos. Un par de ellas mencionaron incluso sus experiencias con las citas mediante aplicaciones *online*. El formador seguía insistiendo en que continuaran escarbando y compartiendo más detalles».

Al escuchar todos esos comentarios negativos sobre los hombres, Alex tuvo que contenerse para no ponerse a la defensiva. «Durante todo el tiempo que duró la sesión tuve ganas de decir que yo era diferente a los hombres que estaban describiendo, y de señalar que yo no había recibido demasiadas oportunidades. Tampoco podía evitar pensar que ahora la empresa estaba pagando a los ejecutivos para que ascendieran a mujeres, y preguntándome por qué eso no calificaba como privilegio. Pero sabía que si decía algo así, me verían como uno de los malos. Toda esa situación resultaba algo injusta, porque las mujeres podían decir lo que sea que pensaran, pero yo sabía que yo no podía hacerlo. Me sentí atrapado».

La semana siguiente, el gerente de Alex lo llamó para hablar del seminario. Alex hizo un par de comentarios sobre el formato, pero no dijo nada de lo irritante que le había resultado la sesión. «No quería que mi jefe me metiera en el mismo saco de los hombres que están siempre quejándose de las mujeres. No soy como ellos. No me parece mal que las mujeres estén recibiendo oportunidades ahora porque los hombres las hayan tenido en el pasado. Lo que no me gusta es que se dé por hecho que tengo un privilegio que no creo haber tenido y que mi experiencia se subestime. Así como saber que no puedo ser honesto sobre cómo me hace sentir todo esto».

Alex se había topado con el detonante de una injusticia percibida, pero lidió con él de forma constructiva.

- Admitió cómo se sentía, al menos consigo mismo.
- No culpó a las mujeres individuales con las que trabajaba por el cambio en el terreno de juego.
- No se quejó por el cambio de las reglas del juego, otra metáfora relacionada con el deporte que tiene poca relevancia en el mundo laboral.

En lugar de eso, Alex reconoció que los líderes de la empresa estaban intentando modificar su cultura porque creían que era lo más inteligente que podían hacer. Lo aceptó y siguió adelante con su trabajo.

Sin embargo, para que este enfoque sea sostenible, Alex necesitará compartir su experiencia y observaciones con colegas y potenciales aliados. Hasta el momento, su empresa no ha ofrecido un espacio en el que esto pueda ocurrir. En lugar de eso, el nuevo equipo de recursos humanos ha ignorado el impacto que las nuevas políticas están teniendo en los hombres, sobre todo aquellos que están iniciando sus carreras profesionales. Ver cómo sus experiencias eran subestimadas una y otra vez, impulsó a Alex a desconectarse de su trabajo.

DE ABAJO HACIA ARRIBA

Ver cómo la empresa de Alex intentaba implementar un cambio radical me hizo pensar en un enfoque muy diferente sobre el cual escribí décadas atrás en mi libro *The Web of Inclusion* (*La red de la inclusión*)[6]. Estaba haciendo un perfil sobre el *Miami Herald*, que históricamente había sido considerado por una gran parte de sus empleados como representante de una cultura divisiva y muy poco justa. Además de la división antagónica entre el sector comercial y el sector editorial que uno suele encontrarse en los periódicos, las personas que trabajaban en las ediciones en inglés y en español rara vez se comunicaban entre ellas. Se había erigido un muro entre ambos grupos porque los empleados angloparlantes sentían que los hispanoparlantes eran «demasiado escandalosos». A menudo se citaba a ese muro como una metáfora de la cultura general.

Con tal de reformar dicha dinámica, el *Herald* contrató a un nuevo editor, Dave Lawrence, un ejecutivo de prensa con fama de unir a la gente e inculcar una ética de la excelencia. Bajo su liderazgo, el periódico conseguiría cinco premios Pulitzer.

Al poco de su llegada, Dave anunció una «iniciativa de equidad» que apuntaba a identificar qué debía hacer el *Herald* para convertirse en un lugar de trabajo más justo. Pero en lugar de traer consultores o encargarle a recursos humanos que creara e implementara nuevas políticas, Dave adoptó un enfoque de abajo hacia arriba y reclutó a un equipo de cuarenta empleados para crear una fuerza especial de equidad.

Los miembros del equipo provenían de todos los niveles y sectores, con una representación equitativa de empleados sénior y júnior, hombres y mujeres. El propósito de esa fuerza especial era identificar dónde percibían alguna injusticia los trabajadores de la empresa y pensar recomendaciones con base en estas. La única regla era que todo el equipo debía llegar a un consenso sobre cada sugerencia que se aprobara.

Los miembros del equipo confeccionaron unas cajas de sugerencias que distribuyeron por la empresa y pidieron a los empleados que describieran experiencias y situaciones que sentían que no habían sido justas, pudiendo mantener el anonimato si así lo preferían. Luego leyeron todos los papeles. Los miembros del equipo a menudo no estaban de acuerdo con la validez de lo que leían, pero como tenían que llegar a un consenso, no descartaban nada. Todo esto hacía que las reuniones fueran muy largas y con frecuencia acaloradas.

Como me dijo uno de los participantes: «El proceso terminó durando unos seis meses muy largos. La verdad es que puso mi paciencia a prueba, porque llegar a un consenso con personas que tienen experiencias y opiniones diferentes demanda mucho tiempo y puede ser doloroso. Pero lo que aprendí fue que para estar en sintonía con otra persona es necesario escuchar muchas cosas con las que quizás no estés de acuerdo sin juzgar, sino intentando entender su punto de vista. Hacer eso una y otra vez me cambió como ser humano. Y lo que aprendí fue que no se puede cambiar una organización a menos que las personas que forman parte de la organización cambien. Pedirle a un grupo de personas con experiencias diferentes que trabajen juntas hasta llegar a un acuerdo es probablemente la manera más difícil de hacer cualquier cosa, pero es por eso que es efectivo a largo plazo. Además, como hay tantas personas involucradas en el proceso, no tienes que esforzarte más adelante para convencer a más gente, lo que te ahorra tiempo y molestias a futuro».

Cuando la fuerza especial por fin presentó veintiséis recomendaciones, el equipo directivo de Dave Lawrence aprobó todas y cada una de ellas. Luego Dave pidió a los miembros de la fuerza especial que trabajaran junto a los de recursos humanos para identificar posibles políticas y prácticas que pudieran convertir esas sugerencias en realidad. Una vez más, ese no fue un proceso rápido, porque había muchas personas involucradas y porque se pidió que los grupos de trabajo llegaran a un consenso sobre las decisiones. Los miembros de la fuerza especial prácticamente tuvieron que formar al equipo de recursos humanos sobre el proceso colaborativo que habían estado usando; algunos de los empleados de recursos humanos ofrecieron un poco de resistencia y uno de los líderes sénior se fue. Pero las relaciones que se generaron a medida que el grupo resolvía problemas no exentos de polémica dieron lugar a una confianza generalizada en el enfoque que estaban adoptando.

El impacto a largo plazo de la fuerza especial de equidad fue extraordinario, y más adelante los empleados atribuirían la capacidad del periódico de apoyar a la comunidad y seguir publicando ejemplares durante un huracán catastrófico al haber aprendido a trabajar en equipo. «Antes nunca podríamos haberlo logrado», confesó el jefe de redacción del periódico. «Estábamos demasiado concentrados en nuestras batallas internas, en proteger lo que veíamos como nuestro territorio. Además, no teníamos relaciones más allá de nuestras burbujas. Fue únicamente después de aprender a trabajar con personas con las que creíamos que no teníamos nada en común que fuimos capaces de llevar a cabo un esfuerzo realmente heroico».

Décadas más tarde, todavía veo el enfoque de Dave Lawrence como la ruta más efectiva para abordar los problemas de equidad y justicia. Darles a todos un foro en el que compartir las inequidades que ellos perciben y dejar el proceso en manos de empleados de diferentes niveles que deben esforzarse por llegar a consenso siempre llevará más tiempo y será más caótico que entregar la tarea a un equipo de profesionales. Y enfocarse en lo que es justo para todos en lugar de lo que es justo para solo un grupo, por mucho que ese grupo haya tenido que lidiar con injusticias en el pasado, siempre conseguirá un apoyo más amplio.

Tanto el *Herald*, como la empresa de Alex, usaron cajas físicas como parte de sus iniciativas de cambio, pero esas cajas transmitían mensajes muy diferentes.

- «Sé consciente de tus privilegios» pedía a las personas que identificaran todas las formas en las que diferían de los demás y que categorizaran sus experiencias con un lenguaje asignado, por más que no lo sintieran como algo verdadero.

- «Comparte tu experiencia» pedía a las personas que identificaran lo que sentían como correcto sin asignarle una etiqueta. Eso aumentó la probabilidad de que se escucharan entre ellas y percibieran lo que tenían en común. Este enfoque proporcionó a todos los involucrados la oportunidad de ser escuchados y sentirse valorados, requisitos previos para construir una cultura justa.

Tom Kolditz, brigadier general retirado y exdirector del Departamento de Ciencias del Comportamiento y Liderazgo de la Academia Militar de los Estados Unidos en West Point, nos ofrece otra lección sobre el enfoque de la equidad y la justicia. El giro distintivo que Tom le había dado a la noción de ponerse en el lugar del otro le permitió crear oportunidades para que las otras personas del departamento compartieran sus experiencias y aprendieran algo al hacerlo.

Tom había notado que algunos hombres del personal se quejaban de los privilegios de los que, ellos creían, las mujeres disfrutaban. «A mí también me encantaría poder irme a las cuatro de la tarde todos los días para ir a recoger a mis hijos», era una queja frecuente. Tom señala: «Entonces les dije: "Comenzad a hacerlo. Si necesitáis recoger a vuestros hijos, recogedlos. Aquí no le pido a nadie que cumpla con un horario fijo. Haced lo que debáis hacer y cumplid con vuestro trabajo, eso es todo"»[7].

Una vez que los hombres comenzaron a tomarle la palabra, se dieron cuenta de que hacer pausas pequeñas para ocuparse de compromisos personales no era para nada disruptivo. Dejaron de quejarse de los privilegios especiales de las mujeres. Tom explica: «Además, hubo un beneficio adicional inesperado. Cuando los hombres comenzaron a hacerse cargo de tareas personales, comenzaron a administrar su tiempo de forma más eficaz, ¡tal como las mujeres lo habían estado haciendo desde el principio!».

7

SEXTO DETONANTE: «RADIO PATIO» Y LAS REDES DE CONTACTOS

Nos elevamos juntos cuando aprendemos a desarrollar, extender y aprovechar nuestras redes de contactos

El detonante de la injusticia tiene el poder de empujarnos a encerrarnos en burbujas con otras personas para compartir nuestras quejas basadas en la identidad, una respuesta entendible pero poco productiva, y que además puede predisponernos a toda una cadena de nuevos detonantes. A menudo escucho a mujeres que afirman que estas «casi no han progresado» en los últimos veinte o treinta años, una afirmación que cualquier persona que los haya vivido puede refutar con facilidad. También escucho a hombres que aseguran tener escasas posibilidades de ascender en un mundo en el que «las mujeres y los miembros de otras minorías acaparan todos los privilegios».

Es difícil mantener este tipo de creencias en el mundo real, es decir, el mundo que existe fuera de las burbujas que refuerzan nuestras narrativas. Esas burbujas se forman cuando pasamos demasiado tiempo en grupos compuestos en su totalidad por personas del mismo género, la misma raza, la misma etnia o la misma orientación sexual donde nos vinculamos a través del intercambio de anécdotas desagradables.

Claro que todos necesitamos desahogarnos de vez en cuando, y las inequidades siguen existiendo y siguen siendo muy dolorosas. El problema surge cuando el compadecernos entre nosotros se convierte en un hábito o una forma de confirmar nuestro sentido de pertenencia en lugar de impulsar acciones constructivas.

Cuando la conmiseración manda, nuestras redes comienzan a operar como una «radio patio». Esta es una distinción importante. Me explico:

La expresión «radio patio» (o en inglés la idea de *grapevine*[1], o parra) se usa desde hace tiempo para denotar un sistema informal de distribución y amplificación de información, hechos, advertencias, historias y chismes.

Estas «radios» prosperan en sistemas en los que la información oficial, a menudo proveniente de arriba, es celosamente guardada o se desconfía de ella. Como resultado, es muy probable que estas «radios» operen entre las personas que carecen de poder, para quienes quizás sean una fuente de información vital, que puede o no ser correcta. Desde luego, como es bien sabido, la «radio patio» también prospera en las redes sociales, donde provoca que la desinformación y los rumores se viralicen y recorran el planeta entero.

Las «radios» pueden ganar terreno en organizaciones, instituciones y comunidades ya establecidas. Es más probable que aparezcan cuando un líder débil o que persigue solo sus propios intereses retiene información y crea un vacío que debe ser llenado, por más que solo sea con rumores y quejas. También ganan fuerza en culturas en las que grupos enteros de personas se sienten excluidas, impotentes y descontentas. Como resultado, una población repleta de «radio patios» extendidas y activas es un clásico indicio de disfuncionalidad.

La presencia de «radio patios» puede crear una cámara de eco para personas con experiencias similares, porque nos ofrecen una forma de confirmar suposiciones, creencias y prejuicios sin tener que ponerlos a prueba confrontándolos con hechos u opiniones contrarias. Las cámaras de eco a menudo favorecen y acentúan historias negativas cuyo sensacionalismo hace que sea tentador compartirlas. Como consecuencia de esta particularidad algorítmica, las «radio patios» tienden a amplificar las quejas y pueden infundir una mentalidad cínica o negativa entre quienes reciben y pasan la información.

Saber algo porque lo hemos oído en «radio patio» puede hacer que nos sintamos *bien informados*: estamos enterados y somos un eslabón fundamental en una cadena vital, un poderoso nodo en una red esencial. Sin embargo, estas «radios» no hacen mucho por aumentar nuestro poder real. Son puras palabras, nada de acción. No nos elevan, aunque pueden darnos herramientas efectivas para arrastrar a otros hacia abajo. Como señala con elocuencia el *coach* de liderazgo y maestro facilitador de redes de contactos Bill Carrier[2]: «la frecuencia de estas radios no es una dulce melodía. Es un ruido estridente pero adictivo».

Hablar de adicción es acertado. Los comportamientos que acompañan a estas «radios», como el cotilleo, el intercambio de historias y la creación de lazos a través de quejas, pueden convertirse en hábitos o comportamientos a los que recurrimos por defecto porque quienes nos rodean suelen participar de ellos. Quizás nos sintamos presionados a participar también nosotros porque hacerlo nos ofrece la posibilidad de encajar. O quizás creamos que escuchar las quejas de los demás demuestra nuestra empatía.

Pero necesitamos pensar bien hasta qué punto nos ayuda.

Una clienta mía, Daniela, tuvo una lucha sonada con un supervisor muy poco empático que logró resolver tras mucho sufrimiento. Más tarde, la directora de su división le dio un consejo muy útil: «Has llevado muy bien una situación muy mala», le dijo. «Pero has implicado a demasiadas personas en el camino. Sé que aquí la gente habla mucho, pero tú tienes demasiado potencial para desperdiciarlo alimentando rumores».

UNA RED SANA

Lo opuesto a estas «radios» es una red sana, una que opere bajo el principio de que lo que es bueno para uno es bueno para todos. Debido a esta orientación positiva, las redes sanas fomentan la mutualidad y reciprocidad, lo que nos ofrece múltiples puntos de apoyo para que podamos ampliar nuestras conexiones y mejorar nuestras habilidades al mismo tiempo que ayudamos a los demás a hacer lo mismo.

Las redes sanas rechazan el chismorreo y las quejas crónicas. En lugar de eso, hablamos bien de nuestros compañeros y, a cambio, ellos hablan bien de nosotros. Recomendamos, defendemos y actuamos para ayudarnos entre todos a avanzar. Compartimos recursos, conexiones, ideas y soluciones. Al formar parte de una red de alianzas y relaciones diversas que se construyen sobre otras relaciones, las redes sanas aumentan nuestro poder en el mundo y nos ayudan a crear un entorno diverso.

Bill Carrier señala que, en toda red, las personas asumen uno de tres papeles: colaborador, miembro neutral o amenaza.

- Los colaboradores siempre están atentos a las oportunidades que puede haber para los demás, dan recomendaciones de forma activa, ofrecen contactos y comparten recursos.
- Los miembros neutrales son parte de la red porque, o bien los demás los quieren o bien quieren estar asociados a la posición que ocupan. Estos miembros pueden ser útiles para los demás, pero no son proactivos al respecto y es posible que no estén disponibles cuando otros se les acerquen.
- Las amenazas ven la red como un instrumento, una herramienta para su propio beneficio, y ven la colaboración como un puro intercambio *quid pro quo*. Como las amenazas sienten poca lealtad hacia el grupo, también es posible que no tengan problemas en cotillear e intercambiar información interna, lo que debilita la solidaridad y la confianza entre los miembros de la red a nivel general.

Habiendo trabajado con redes durante décadas, Bill ha descubierto que las que son sanas se protegen rechazando cualquier desahogo y negatividad que dé carnaza a «radio patio». Explica: «Ninguna red está completamente libre de canales de comunicación extraoficiales, pero no podemos permitir que estos menoscaben al grupo entero. El chismorreo es corrosivo, así que las redes fuertes no tolerarán a quienes demuestren ese tipo de comportamiento por mucho tiempo. Con el paso del tiempo, los egoístas habituales serán expulsados».

Bill también señala que, con tal de sostenerse, una red sana debe encontrar la manera de lidiar con los casos de quejas y desahogos, prácticas que nos perjudican en lugar de elevarnos. Al alentar una mentalidad negativa, las quejas frecuentes también hacen que sea difícil avanzar.

Bill explica: «El propósito de una red es ofrecer un apoyo tangible que ayude a las personas a alcanzar las metas que se han fijado a sí mismas. Llega un punto en el que la queja constante arrastra a todos hacia abajo, así que una buena red encontrará la manera de bloquear esa práctica».

DEL AMIGUISMO A LOS ERG

Hace tiempo que el amiguismo sirve de vehículo para ayudar a los hombres a ascender, facilitando el camino con mentores, visibilidad, información y apoyo. El amiguismo también ha funcionado tradicionalmente en las organizaciones como una manera orgánica de identificar, aprobar y hacer avanzar a líderes potenciales, definiendo y defendiendo aspectos clave de la cultura dominante. De esta manera, el amiguismo ofrece una fuerte sensación de pertenencia a quienes participan de él, además de un importante empujón. Si bien su naturaleza insular e impenetrable hace que las redes basadas en el amiguismo no califiquen como redes sanas, históricamente han sido muy útiles para quienes operan dentro de ellas.

La desventaja siempre ha sido su exclusividad. Son fabulosas si eres uno de los «amigos», generalmente hombres con un origen, una educación y un conjunto de conexiones o membresías muy específicos, algunos con una tradición de varias generaciones. Pero si no encajas en el perfil, si eres una mujer, una persona afroamericana o parte de un grupo no dominante o recién llegado, históricamente no te han servido de mucho.

Las redes de amiguismo solían dominar las organizaciones, definían quién importaba y quién no y determinaban quién tenía acceso a recursos clave. En algunas empresas, todavía cumplen ese papel. Pero a medida que las organizaciones se han vuelto más diversas, el amiguismo ha comenzado a verse cada vez más como algo problemático por recurrir a una base de talento muy acotada. En las últimas décadas, las organizaciones de alto rendimiento han intentado abordar esto y han ampliado la red para identificar futuros líderes y darles los recursos y las conexiones que necesitan para avanzar.

Como resultado, dentro de las organizaciones han surgido y se han expandido toda una serie de redes alternativas. Puede que sean redes informales o comunitarias, fundadas por personas que buscan fuerza en la unión y que también quieren facilitar el camino a otras personas como ellas. O pueden ser redes formales, generalmente organizadas y dirigidas por un representante del nivel ejecutivo o una unidad dentro de recursos humanos. Estas redes formales tienden a tener metas y objetivos muy claros, como abordar cuestiones como la deserción de las mujeres y otros miembros de minorías o mostrar que la organización es inclusiva.

Tanto las redes informales como las formales pueden ser muy efectivas, aunque vale la pena señalar que las mejores redes formales suelen adoptar un carácter informal que refleje las personalidades y los intereses de los miembros más activos y las redes de relaciones que ellos traigan consigo.

Los grupos de recursos de empleados, también conocidos como ERG por la sigla en inglés que corresponde a *employee resource groups*, son un claro ejemplo de las redes formales que ayudan a expandir el acceso y los recursos para quienes han sido aislados o excluidos históricamente. El primer ERG fue fundado en 1970, cuando Xerox formó un comité de empleados negros como respuesta a la continua discriminación dentro de la empresa a pesar de que el director ejecutivo se hubiera comprometido personalmente a abogar por la igualdad. La meta era crear puntos de acceso y conexiones para los empleados que apenas eran reconocidos y habían estado marginados, darles una voz más relevante y más apoyo en sus carreras profesionales[3].

Pioneros de la diversidad como At&T e IBM fueron los siguientes, y expandieron esa tendencia para incluir redes para mujeres, empleados LGBTQ y todo un abanico de minorías étnicas. Durante las últimas dos décadas, organizaciones tanto grandes como pequeñas han establecido estas redes, a menudo primero en los Estados Unidos, pero cada vez más en otras partes del mundo. Mi trabajo me ha proporcionado un asiento de primera fila desde donde observar este desarrollo.

He visto a estas redes evolucionar de reuniones bienintencionadas, pero a menudo marginales, con presupuestos diminutos y escasa estructura, a verdaderos centros de poder que ofrecen beneficios tangibles a sus miembros, y que atraen el interés de los líderes sénior para promocionarlas. He observado cómo se han vuelto una parte integral de la forma en la que las organizaciones forman y fomentan líderes. Y he visto cómo esos grupos dejan de prestar atención a «radio patio».

Por ejemplo, a principio de los años noventa, trabajé con muchas redes de mujeres en etapa de prueba. Ya fueran formales o informales, a menudo el propósito principal parecía ser ofrecer un espacio seguro en el que expresarse. Dada la falta de estructura, estas redes con frecuencia recurrían por defecto a quejas compartidas sobre la injusticia o afirmaciones genéricas al estilo de «¡tú puedes, mujer!».

Si bien contar con un espacio en el cual desahogarse infundía una sensación de pertenencia entre las participantes, a menudo exacerbaba los sentimientos de impotencia. Además, el apoyo en esas primeras redes consistía más que nada en simplemente escuchar, empatizar y ofrecer apoyo emocional en lugar de tomar acciones concretas para ayudarse entre ellas a avanzar.

Esto cambió a medida que esos grupos internos empezaron a adaptar algunas de las prácticas de las tradicionales redes basadas en el amiguismo, como concentrarse en el avance mutuo, pero sin el sesgo elitista. Establecer círculos de tutoría y sistemas de patrocinio, compartir conexiones y enfocarse en las habilidades para el liderazgo ayudó a transformar muchos ERG en redes sanas y muy efectivas. El impacto positivo ha sido amplificado a medida que las personas que se beneficiaron de su participación han pasado a ocupar puestos más altos con la determinación de «continuar la cadena de favores» y ayudar a los que vienen detrás.

Desde luego, las redes internas no siempre son grandes motores del cambio. En algunos casos, pueden ser demasiado formales debido a su naturaleza oficial, mientras que las clásicas redes de amiguismo eran muy informales. La formalidad y la estructura pueden limitar el papel que juega la química personal, que es clave para una tutoría y un patrocinio exitosos. O también es posible que estos grupos internos continúen definiendo el apoyo como solamente escuchar y empatizar en lugar de defender y compartir conexiones.

Cuando sucede esto, el vacío puede ser llenado por redes externas.

RECURRIR AL EXTERIOR

Un ejemplo excelente es la *Olori Sisterhood*[4], o Sororidad Olori, una red muy efectiva de activistas políticas negras en Nueva York. Estas mujeres —recaudadoras de fondos, lobistas, miembros de personal y especialistas en relaciones públicas— son apasionadas de la política, pero prefieren ejercer su influencia detrás de las cámaras en lugar de postularse para un cargo.

La Sororidad data de 2009, cuando un grupo de activistas políticos negros, muchos de ellos colegas cercanos de otras compañeras mujeres, organizaron una reunión de estrategia en la legislatura del estado de la que las mujeres fueron deliberadamente excluidas. A modo de respuesta, un grupo de ellas decidió organizar su propia reunión, en la que los hombres intentaron colarse de inmediato. Eso puso fin a esa reunión, pero las mujeres decidieron seguir juntándose, en cafeterías o en sus propias casas.

En ese momento, muchas de las mujeres se sentían tanto invisibles como estancadas. A pesar de trabajar como locas y recibir una enorme cantidad de elogios por su rendimiento, sus sugerencias eran ignoradas con frecuencia y tenían dificultades para ejercer ningún tipo de influencia. La mayoría de los ascensos en sus áreas eran recibidos por hombres, cuyas redes de amiguismo, compuestas por hombres blancos, negros, latinos o una combinación, les ofrecían una fuerte ventaja en el mundo hermético de los asesores políticos. Si bien las mujeres tenían contactos, parecían incapaces de aprovecharlos de manera que les ofrecieran un verdadero empujón.

Desde el principio, la Sororidad sirvió tanto de «radio patio» como de red, en el sentido de que las mujeres pasaban tiempo compartiendo anécdotas profesionales desagradables, así como dándose apoyo emocional las unas a las otras para superar sus diferentes crisis vitales. Entre ellas, embarazos complicados, divorcios dolorosos y las complejidades de cuidar de padres mayores. Sin embargo, desde el principio se comprometieron a fortalecer su poder individual y colectivo. Para hacerlo, adoptaron prácticas típicas de las redes de amiguismo.

Por ejemplo:

- Cuando una de ellas conseguía una audiencia con un personaje político de perfil alto o era entrevistada por algún medio, se ocupaba de hablar bien de las habilidades de sus hermanas.
- Cuando una de ellas conseguía un nuevo trabajo, luchaba por contratar a otras mujeres que formaran parte de Olori.
- Cuando una de ellas conseguía un contacto valioso, lo compartía con el grupo en lugar de guardarlo celosamente.
- Cuando una de ellas tenía una reunión muy importante, el grupo organizaba una sesión de estrategia para ayudarla.

Mientras hacían todo eso, no dejaban de insistir en el mensaje de que su red no se trataba solo de ellas y sus carreras. Se trataba de convertirse en un recurso que ayudara a las mujeres negras a reclamar su lugar en la mesa y hacerse ver como una fuerza política imparable.

Tras una década de un feroz apoyo mutuo y recompensas compartidas, las mujeres pasaron de trabajar en campañas locales a encabezar importantes lobbies empresariales y actuar como prestigiosas consultoras políticas para candidatos nacionales, lo que les permitió tener un impacto a una escala mayor. Cuando hablaban, los aspirantes a candidatos escuchaban. Cuando las criticaban, alguien las defendía.

Y sus colegas hombres dejaron de excluirlas de las reuniones.

VENTAJA MUTUA

Las hermanas Olori tejieron su propia red sana. Pero unirse a una ya existente también puede impulsar nuestra carrera y darnos la oportunidad de ayudar a otras personas. Un buen ejemplo es Eddie Turner, orador motivacional, *coach* ejecutivo y consultor para la empresa de recursos humanos Linkage[5].

Eddie comenzó su carrera en el área de la informática al unirse a una importante corporación de Chicago cuando internet era algo nuevo y todo aquel que conociera su funcionamiento era considerado un poco excéntrico pero necesario. Eddie recuerda: «En los inicios, los empleadores no buscaban a personas con títulos en Tecnologías de la Información, solo buscaban un certificado, que conseguí enseguida. Era muy hábil y trabajaba duro para rendir más que mis compañeros porque mis padres siempre me habían repetido que, como era negro, si quería tener una oportunidad, debía ser el mejor. No pasó mucho tiempo hasta que estuve gestionando las reuniones del director ejecutivo y todo el mundo me decía lo valioso que era».

Sin embargo, Eddie no solo deseaba destacar, sino también liderar. «Ese fue el resultado de saber cuántos de los que venían detrás carecían de oportunidades. Creía que si podía aspirar a ser un líder, debía intentarlo. Así que comencé a buscar un trabajo que me colocara en la senda del liderazgo. Pero siempre recibía la misma respuesta: si bien tenía las habilidades y la experiencia, no sucedería nada a menos que consiguiera un título universitario».

Eddie se postuló a varias universidades del área de Chicago, basándose en la conveniencia y la asequibilidad a la hora de elegir sus opciones potenciales. «Cuando le dije a mi jefe lo que estaba haciendo, me dio uno de los mejores consejos de mi vida. Me dijo: "Vas a la universidad para recibir una educación, pero también para construir una red de contactos. Eso es igual de importante. Estás en Chicago, así que lo que más te conviene es ir a la Northwestern"».

Y eso fue lo que hizo. En cuanto obtuvo su título, volvió a intentar conseguir un trabajo que lo posicionara para alcanzar posiciones de liderazgo. Para su sorpresa, lo seguían rechazando. «Antes, siempre me decían que tenía la experiencia, pero no el título. Ahora que tenía el título, me decían que no tenía la experiencia. Me pareció muy injusto y difícil de procesar a nivel emocional. Pero la respuesta que me dieron me dejó en claro que debía encontrar otro empleador si quería ascender y poner a prueba la totalidad de mi potencial».

Eddie decidió que la mejor forma de actuar era asistir a los habituales eventos para hacer contactos que la Northwestern University organizaba para sus graduados. No solo asistió a ellos, sino que fue proactivo y se ofreció a gestionarlos, se hizo cargo de la tecnología, sugirió temas y reclutó a otros graduados. Se convirtió en lo que Bill Carrier definiría como un colaborador.

Sus esfuerzos atrajeron la atención de uno de los participantes del grupo. «Al finalizar una de las reuniones, un hombre llamado Bob Dean se acercó y me ofreció ser mi mentor. Resultó ser el vicepresidente de la empresa cazatalentos Heidrick & Struggles, así que conocía a muchísimas personas. Me dijo: "Mis canas te abrirán puertas". Y eso fue lo que sucedió. Tenía acceso a personas poderosas y me las presentó, me avaló. Me ayudó a desarrollar las conexiones que necesitaba para valerme por mí mismo».

Aunque el título de la Northwestern no le consiguió a Eddie el ascenso que esperaba, a fin de cuentas le dio algo más importante: la red que necesitaba para posicionarse como un líder potencial. También le hizo desarrollar una orientación hacia la creación de contactos que transformó su entendimiento sobre cómo perseguir sus metas de forma efectiva.

Eddie afirma: «La experiencia me enseñó que los contactos son la mayor ventaja que tenemos, y una parte clave de cómo las personas te ven en el mundo. Así que ahora sigo generándolos y expandiéndolos sin importar qué más esté haciendo. En este momento soy miembro de la *National Speakers Association* (Asociación Nacional de Oradores), la *American Society for Training & Development* (Sociedad Norteamericana para el Entrenamiento y el Desarrollo), *la International Coach Federation* (Federación Internacional de *Coaching*) y la red *100 Coaches*».

Al igual que con el grupo de exalumnos de la Northwestern University, Eddie no solo se une. «Encuentro la manera de tener un papel activo. Me ofrezco como voluntario para dirigir las reuniones. Identifico personas a las que quiero conocer mejor y me pongo al día con ellos individualmente. Me aseguro de preguntarles cómo puedo ayudarlos. Así que ahora tengo una red de contactos grande, rica, diversa y en constante expansión que me ayuda a mí y a todas las personas con las que establezco una conexión. Las redes sociales han hecho que esta red sea todavía más poderosa. Y han hecho que sea mucho más fácil seguir en contacto».

Eddie valora sus redes sanas por su enfoque positivo. «Evito conversaciones en las que las personas buscan puntos en común a través de quejas o afirmaciones sobre lo impotentes que se sienten», señala, y describe la orientación típica del funcionamiento de la «radio patio». «Creo que es contraproducente porque socava la motivación. Y en mi experiencia, la motivación va de la mano del compromiso hacia la excelencia. Mantener una actitud positiva es fundamental».

Eddie menciona que, cada vez que se siente tentado de protestar sobre lo injusta que es una situación, piensa en alguien como Jackie Robinson. «Sé que nunca he tenido que vivir nada parecido a lo que él y las personas de su tiempo tuvieron que soportar, así que sus historias me fortalecen. Tenían mucha determinación. Y esas personas fueron las que hicieron posible que alguien como yo a día de hoy esté donde está. Además, no es fácil apreciar el impacto de tu propio camino cuando te encuentras en él, así que nunca sabes cuándo tu entusiasmo puede ayudar a alguien más. Por eso es tan importante ser activo en las redes. Al unirnos, hacemos que la vida de todos mejore».

PODER DE ESTRELLA

Eddie reconoció que, por más que se esforzara, no tenía ninguna posibilidad de entrar en la red de amiguismo en su empresa empleadora original. Hacer contactos fuera de la empresa hizo que su carrera diera un giro. Esa es, de lejos, la estrategia más productiva cuando somos excluidos. Pero también tiene otras ventajas.

Por ejemplo, construir redes externas puede ayudarnos a tomar mejores decisiones profesionales y a entender mejor nuestras fortalezas. Esto se debe a que participar en una red amplía nuestra perspectiva, no solo con relación a lo que podría estar disponible, sino también con relación a nuestra situación actual. Esta fue una conclusión inesperada del extraordinario estudio sobre la relación entre el talento individual y la cultura de las organizaciones llevado a cabo por Boris Groysberg, profesor de la Escuela de Negocios de Harvard, y publicado bajo el título *Chasing Stars* (*Persiguiendo estrellas*)[6].

Groysberg quería poner a prueba la creencia generalizada de que el talento individual es el principal determinante del éxito en las empresas basadas en el conocimiento. Para ello, durante ocho años condujo un estudio en profundidad sobre los analistas de Wall Street, un ejemplo clásico de trabajadores de empresas basadas en el conocimiento de primer nivel. El estudio dejó muy claro que, al igual que muchos empleados estrella, los analistas a menudo sobrestimaban su propio valor. También *sub*estimaban el papel que sus organizaciones jugaban al proveerlos con una plataforma que respaldara su rendimiento. Como resultado de ese error de percepción, estos trabajadores de alto rendimiento suponían que sus habilidades eran más transferibles de lo que en realidad eran. De hecho, Groysberg descubrió que el rendimiento de la mayoría de los analistas estrella descendía drásticamente cuando dejaban la empresa en la que habían prosperado.

Cuando analizó sus extensivos datos, Groysberg se sorprendió al descubrir una excepción. Era más probable que, al cambiar de empresa, el rendimiento de las analistas mujeres mejorara en lugar de empeorar. Como un estudio cuantitativo no podía explicar esta anomalía, Groysberg comenzó a entrevistar a las analistas para descubrir por qué esto podía ser cierto.

Encontró varias razones.

En primer lugar, las analistas mujeres tendían a tejer redes externas mucho más fuertes, generalmente como consecuencia de verse excluidas de las redes de amiguismo de dentro de la empresa. Esas redes externas les ofrecían un apoyo imprescindible cuando hacían el traspaso a sus nuevos puestos, mientras que el amiguismo que beneficiaba a los hombres dentro de la empresa no los acompañaba al irse.

En segundo lugar, la propia naturaleza de la experiencia de las mujeres, en particular el haber visto a otras colegas brillantes que se quedaban en el camino por haber sido excluidas, hacía que fueran más escépticas acerca de la noción de que la brillantez individual es suficiente para explicar un rendimiento estelar. Esto hacía que fueran más diligentes a la hora de analizar cualquier cambio de empresa potencial, respecto a si encajaban en esa nueva cultura o no.

Por último, las mujeres tendían a recurrir a sus propias redes para que las ayudaran a decidir si debían hacer el cambio: si el empleo nuevo encajaba con sus habilidades, si la empresa era el tipo de lugar en el que disfrutarían trabajando y si el puesto nuevo les permitiría construir una vida sostenible y gratificante.

Por el contrario, los hombres que participaron del estudio de Groysberg tendían a basar la decisión de pasarse a otra empresa solamente en el salario y las bonificaciones. Por desgracia para ellos, ver las oportunidades con una mayor compensación como «una elección obvia» a menudo terminaba socavando su valor en el mercado laboral de analistas. Como no reconocían los recursos que habían tenido a su disposición ahí donde habían tenido éxito, ignoraban hasta qué punto esas empresas originales les habían permitido prosperar.

Por lo tanto, entre esos analistas estrella, el acceso a esa red interna de amiguismo con frecuencia terminaba siendo una desventaja, al menos entre aquellos que decidían llevar su talento a otro sitio. Las redes externas que adoptaban las prácticas del amiguismo resultaron ser mucho más útiles.

LAS TÁCTICAS DE LAS REDES

Pasar el tiempo en cámaras de eco y escuchando lo que «radio patio» transmite puede provocar que desestimemos sin pensarlo a quienes percibimos como «diferentes a nosotros». ¿Significa esto que debemos evitar participar de redes formadas por personas que comparten nuestra experiencia? Para nada. Esos grupos pueden ser una fuente rica en apoyo y pueden aumentar nuestra confianza, lo que hace que tengamos un sentido de la conexión más profundo, que expandamos nuestros recursos y fortalezcamos nuestra resiliencia. También pueden enseñarnos sobre el comportamiento de las redes al hacernos practicar el intercambio mutuo de apoyo tanto táctico como estratégico. La Sororidad Olori es un muy buen ejemplo.

El problema surge cuando esos grupos inhiben nuestra capacidad de construir relaciones fuertes con personas fuera del círculo en lugar de promoverla. Al asociarnos principalmente con personas que percibimos como similares a nosotros, limitamos nuestro marco de referencia. Al permanecer por defecto en nuestra zona de confort, hacemos que sea más difícil conectar con personas de otro género, cultura, raza y nivel jerárquico. Y es posible que perdamos nuestra tolerancia al riesgo.

Mi difunto amigo y colega, el pionero de la diversidad Roosevelt Thomas, hablaba del papel clave que jugaban los grupos de referencia en nuestro intento por identificar nuestro lugar en el mundo. Observó que quienes están fuera de las estructuras de poder a menudo se sienten más a gusto en esos grupos, a los cuales él definía simplemente como conjuntos de personas que comparten nuestra experiencia y con quienes nos identificamos[7].

Roosevelt señaló que ceñirnos únicamente a nuestros grupos de referencia puede afectar a nuestro comportamiento de forma que nos debilite y disminuya nuestra capacidad para crecer.

Por ejemplo, quizás nos empecemos a sentir incómodos con el cotilleo y la negatividad en el grupo, pero tememos parecer desleales si intentamos cambiar la conversación hacia un enfoque más positivo. Entonces terminamos haciendo comentarios cínicos en un intento por encajar. O quizás perdamos nuestra capacidad de conectar con personas que vemos como diferentes a nosotros y nos sentimos incómodos e inseguros, sin saber qué decir, porque nuestro grupo de referencia hace que sea muy fácil quedarnos en nuestra zona de confort.

Para evitar esta trampa, es útil preguntarnos si nuestro grupo de referencia opera como una «radio patio» o como una red. Si nuestra participación provoca emociones que refuerzan nuestra sensación de estar separados de las personas que no forman parte del grupo, lo más probable es que estemos atrapados en la frecuencia de la «radio patio». Si nuestra participación provoca emociones que nos hacen sentir conectados con el mundo en general porque nos dan un suelo firme sobre el que pisar y desde el cual avanzar, podemos tener la certeza de que nuestro grupo de referencia funciona como una red sana.

MANTENERSE FIRME

La «radio patio» prospera definiendo quién está dentro y quién está fuera. Las historias y la información que compartimos son nuestra moneda corriente, la prueba y la medida de nuestro valor. En las redes, nuestro valor está en nuestra capacidad de construir relaciones que nos beneficien a nosotros y a los demás. Pero para hacerlo de forma efectiva, necesitamos creer que tenemos algo que ofrecer. Es por eso que las redes sanas requieren cierto nivel de confianza y a la vez nos ayudan a fortalecerla.

Pero ¿y si no nos sentimos demasiado seguros de nosotros mismos? ¿Y si creemos que los demás miembros de la red tienen más que ofrecer que nosotros? ¿Y si no estamos seguros de pertenecer?

Esos miedos son comunes, sobre todo cuando por fin nos encontramos en una red que expande nuestro potencial de conectarnos a pesar de las diferencias, o que nos pide que ampliemos nuestra comprensión sobre quiénes somos. Siempre hay varias formas de abordar este detonante de la inseguridad. Por ejemplo, quizás nos sirva reclutar a algún aliado para que nos ayude a empezar. Pero me gustaría compartir un método simple que a mí me ha resultado asombrosamente efectivo.

En 1995, Marshall Goldsmith me invitó a unirme a *The Learning Network* (La Red del Aprendizaje), o TLN, un grupo reducido de autores, oradores y consultores del ámbito del liderazgo. Como la mayoría de nosotros trabajábamos solos y pasábamos mucho tiempo viajando, no teníamos muchas oportunidades de conocer a otros colegas. Así que Marshall decidió que sería útil reunir un grupo para que fuéramos verdaderos colegas y conformáramos una red de apoyo central.

Me encantó la idea. Yo trabajaba con mujeres de todo el mundo con aspiraciones de liderar, y era un empleo que me resultaba profundamente gratificante, pero también un poco solitario. A menudo envidiaba a las mujeres de mis empresas clientes que trabajaban codo a codo todos los días, mientras que yo siempre me quedaba un tiempo y me iba. Tenía experiencias y respuestas maravillosas e inspiradoras, pero siempre debía partir hacia el próximo encargo. Tenía muchas amistades, pero no conocía a casi nadie que hiciera lo que yo hacía o que compartiera mi estilo de vida altamente independiente.

Deseosa por participar, asistía con regularidad a los encuentros de la TLN. Sin embargo, me costaba creer que de verdad perteneciera a esta. El problema era que me sentía intimidada por muchos de los miembros, la mayoría de ellos hombres, varios de los cuales eran superestrellas de reputación deslumbrante. Estos hombres, conocidos, muy solicitados y espectacularmente pagados, ocupaban el centro del escenario en las grandes conferencias en las que yo impartía pequeñas charlas. En ese momento, el liderazgo de las mujeres estaba lejos de ser el tema del momento, así que debía esforzarme por ser visible y no estaba particularmente bien pagada. Entonces, al lado de todos esos peces gordos, me sentía una fracasada.

Marshall insistía en decir que el propósito del grupo era «ayudarnos entre nosotros para mejorar nuestras vidas». Esto implicaba cierto nivel de reciprocidad, la piedra fundamental de cualquier red. Pero mientras que tenía muy claro cómo yo podía beneficiarme de los demás miembros de la TLN, no creía que por mi parte tuviera mucho que ofrecer a esos hombres que en su mayoría eran extremadamente exitosos. Como resultado, pasé la mayor parte del tiempo relacionándome con las otras pocas mujeres de la red. Sin saberlo, estaba convirtiendo lo que había sido creado como una red robusta y poderosa en otro grupo de referencia de un único género.

Una noche, Marshall organizó una fiesta para todos nosotros en su casa en las afueras de San Diego. Como siempre, yo me senté con algunas de las mujeres, disfrutando de su compañía y de mi zona de confort. En un momento, me di cuenta de que cuatro de los hombres que más me intimidaban estaban teniendo una conversación muy animada. Parecía que se estaban divirtiendo mucho y deseé que me invitaran a unirme, que uno de ellos tomara la iniciativa, como si se tratara de un baile del instituto.

Luego, una de las mujeres de mi grupo comenzó a hablar de lo mucho que significaba mi trabajo para ella porque mi foco en las fortalezas y las contribuciones de las mujeres le habían dado más confianza en sí misma. De pronto me di cuenta de lo mucho que me estaba subestimando no solo a mí misma, sino también al trabajo en el que tanto creía. Al dar rienda suelta a mis propias inseguridades y aferrarme a una imagen de mí misma en la que me infravaloraba, estaba haciendo de menos la importancia de mi contribución respecto al mundo.

Era hora de correr un riesgo.

Me puse de pie, caminé hacia el otro lado de la sala y me paré junto a los cuatro hombres de quienes había estado esperando una invitación para unirme a su conversación. No dije nada; ellos estaban absortos en su charla. Yo solo me quedé allí de pie. Decidí que eso era lo único que necesitaba hacer en el momento. Con estar junto a los peces gordos bastaba.

Ellos no respondieron a mi presencia, pero no parecieron irritados ni ofendidos. Solo eran hombres haciendo sus cosas, divirtiéndose. Yo mantuve mi posición. No decidí que, como no me habían incluido de inmediato, eso significaba que creían que no valía nada. No me escabullí. Intenté transmitir con mi presencia física que formaba parte de aquello, que era una de ellos.

Finalmente, uno de los hombres me hizo una pregunta y comenzamos a hablar. Otros se unieron y la conversación fue cada vez más animada. Tuve una intensa sensación de logro: había pasado de rondar por los bordes a posicionarme en el centro de la red. Estaba lista para ser parte del todo.

En ese momento, la red se convirtió en mi grupo de referencia y yo expandí la noción que tenía de quién calificaba como «parecido a mí». Al abandonar mi inseguridad, al tolerar la incomodidad que cualquier riesgo inevitablemente despierta, pude solidarizarme con aquellas personas que había percibido como diferentes. Ganarme un puesto en ese terreno más amplio gracias a mis propios esfuerzos me permitió imaginar cómo ser capaz de contribuir al grupo, y de pedir ayuda.

Con el tiempo, me volví más hábil en ambos aspectos.

8

SÉPTIMO DETONANTE: ¡NO HACE GRACIA!

Nos elevamos juntos cuando entendemos el humor

Al inicio de mi carrera, trabajé como redactora de discursos para quizás una docena de ejecutivos sénior, todos ellos hombres. Pronto perdí la cuenta de la cantidad de veces que había recibido una llamada a mi habitación de hotel a las doce de la noche durante alguna conferencia de parte de algún jefe desesperado que debía hacer una presentación el día siguiente. «¿Puedes buscarme algunos buenos chistes de golf para mañana por la mañana?».

Antes de internet, esa era una petición difícil de llevar a cabo a esas horas. No tardé mucho en empezar a viajar con listas de chistes.

En ese momento, me pregunté dónde estaba escrito que los ejecutivos hombres siempre debían abrir un discurso, o incluso introducir algún comentario breve, con un chiste. Aquellos para los que escribía parecían aceptar como una verdad absoluta que comenzar con alguna frase ingeniosa, por más obviamente preparada que estuviera, por más atropelladamente que se contara o por más irrelevante que fuera, establecería que tenían personalidad, lo que les daría el derecho a seguir siendo tan aburridos como desearan. En esto último, la mayoría de ellos eran expertos, y a menudo llenaban sus presentaciones con una montaña de datos proyectados sobre una pantalla a la que miraban con frecuencia, a veces incluso dando la espalda al público.

Los oyentes ponían los ojos en blanco y esperaban que se acabara. Sin embargo, le hacían el favor al orador de reírle los chistes. Claro que esto me irritaba sobremanera, porque era inevitable que el orador lo interpretara como prueba de que su técnica estaba funcionando. Lo que significaba que insistiría en abrir su próxima presentación con más chistes prefabricados.

Algunas personas, sobre todo mujeres, se me acercaban más tarde para expresar su compasión. «Imagino que tú fuiste la encargada de buscarle esos chistes, ¿verdad?». O se lamentaban: «Bueno, eso ha sido una tortura. ¿Se cree que no hemos oído esa historia de la rana en el agua hirviendo?». O simplemente: «¡Alguien debería decirle que no sabe contar chistes!».

La respuesta que siempre pensaba, pero no pronunciaba, era «¿por qué no se lo dices tú?».

Desde luego, nadie nunca le dijo nada a ninguno de ellos. Cuando la persona que cuenta el chiste está en una posición de poder, los demás suelen fingir que se mueren de risa, lo que garantiza que sigamos sufriendo esos manidos intentos de hacer reír. En el panorama general, esto es tan solo una molestia menor, pero esa obsesión por intentar ser gracioso que históricamente ha acompañado a los hombres —para rápidamente recuperar un tono más serio cuando lo han logrado— ejemplifica cómo el humor puede ser un detonante en el lugar de trabajo.

EL HUMOR COMO DETONANTE

La vida ha evolucionado desde la época en la que yo escribía discursos, cuando decir ejecutivo era lo mismo que decir hombre y los anuncios en busca de secretarias se imprimían en los clasificados de los periódicos como «se buscan mujeres». A medida que el lugar de trabajo se convierte en un espacio más igualitario, comentarios que alguna vez eran ignorados («cariño, ¿puedes pasarme esto a máquina?») ahora son vistos como sexistas y fuera de lugar. En el proceso, el humor se ha convertido en algo complicado. Un intento mal calculado de inyectar algo de distensión a una sala puede hacer que esta se tense de inmediato. Un chiste imprudente puede arruinar una reunión o una reputación.

Sortear los potenciales detonantes del humor en un entorno tan sensibilizado requiere destreza e intencionalidad. Necesitamos tener en cuenta los posibles matices de lo que queremos decir y entender cómo nuestras ocurrencias pueden ser interpretadas por personas de orígenes y experiencias diferentes a las nuestras. Por desgracia, este nivel de cálculo no encaja fácilmente con la despreocupación y espontaneidad que el mejor humor requiere.

Antes, cuando los hombres, generalmente de un mismo origen cultural, dominaban el lugar de trabajo, el humor tenía un papel mucho menos polémico. Los hombres a menudo se llevaban recompensas desproporcionadas por tener fama de ser graciosos. «Es un tipo estupendo, te caerá muy bien, es graciosísimo» era una típica expresión de aprobación. Contar con un considerable repertorio de chistes (en lugar de depender que te los pasara la persona que te escribía los discursos) era la forma más fácil de presentarse a través del sentido del humor. Los chistes también eran la moneda de cambio habitual de las relaciones e indicaban la comodidad con la cultura imperante. «¿Has oído el del...?» servía para establecer conexiones.

Por el contrario, hoy en día muchos chistes se han vuelto problemáticos y funcionan como focos de tensión o como formas de identificar quiénes entienden que la cultura y las reglas están cambiando y quiénes no: «No puedo creer que haya contado ese chiste. ¿Se ha parado a pensar en quiénes estaban en la sala? Está más que claro que no entiende nada».

Este estado de las cosas actual y complicado puede hacer que algunos hombres añoren un pasado en el que el humor era humor y no era necesario escudriñar todas y cada una de nuestras ocurrencias. Esto a la vez puede llevarse al límite y afirmar que los recién llegados al lugar de trabajo, es decir, las mujeres y las minorías étnicas o raciales, carecen de humor. O esa creencia de que, efectivamente, el humor ha pasado a estar prohibido en el trabajo.

NO ES NINGUNA BROMA

Al considerar el impacto del humor como detonante, es útil diferenciar entre el humor y los chistes. Los chistes suelen presentar un doble problema.

En primer lugar, los chistes son transgresores por naturaleza. Es decir, son graciosos justamente por yuxtaponer o combinar dos interpretaciones opuestas de una manera original y a menudo escandalosa. Son buenos en la medida en que son sorprendentes, por lo que hasta cierto punto dependen de ser impactantes. No es casualidad que, en inglés, los antiguos comediantes, o aspirantes a serlo, que hacían apariciones en la radio para dar a conocer sus opiniones se conocieran como *shock jocks*, o algo así como «DJs de choque». Ni que muchos de ellos se hicieran un nombre apuntando con sus ataques a lo que ellos consideraban mujeres engreídas.

Como bien sabían los *shock jocks*, los chistes a menudo juegan con los estereotipos, con frecuencia de raza y género, invirtiéndolos o exagerándolos para crear un mayor efecto. Es por eso que muchos chistes son ofensivos, algunos un poco y otros en extremo, y que no se consideran apropiados para «compañías mixtas». Como la compañía ahora es sin ninguna duda mixta —en el trabajo, en la política o en todo el ámbito público—, hay un gran número de chistes completamente vetados para cualquiera que busque mantener una reputación profesional.

El tema de los chistes es complicado, porque los malentendidos intencionales basados en estereotipos y yuxtaposiciones inesperadas es lo que los hace funcionar. Esto es cierto incluso para mis viejos enemigos de la época en la que escribía discursos, los chistes de golf.

> *Harry regresa a casa tras dieciocho hoyos con sus amigos.*
> *—¿Cómo te ha ido hoy? —pregunta su esposa.*
> *—Hasta el tercer hoyo, estupendo. Luego, Charlie sufrió un infarto.*
> *—¡Oh, no! Pobre Charlie. ¡Qué espanto!*

> —*Sí que lo fue. Nos pasamos los otros quince hoyos golpeando la pelota y arrastrando a Charlie, golpeando la pelota y arrastrando a Charlie. Fue un verdadero engorro.*

Este clásico depende de la combinación de dos interpretaciones muy diferentes de lo que es un espanto. El humor está en frustrar las expectativas. El estereotipo es mínimo y benigno (esposa empática, esposo obsesionado con el golf). Pero por más moderado y claramente absurdo que sea, ya nadie va a usar este chiste para dar inicio a una reunión.

No es realmente ofensivo, pero tampoco es apropiado. Alguien en la sala podría sufrir de alguna enfermedad cardíaca. El esposo de alguien podría haber sufrido un infarto la semana anterior. Así que no es ninguna broma. Además, el contexto cultural del esposo que juega al golf y la esposa que lo espera en casa podría ser visto como paternalista, o quizás simplemente no conecte con los empleados cuyas experiencias sean muy diferentes.

El resultado de esta necesidad de ser más sensibles es que los aspirantes a humoristas deben buscar chistes que sean graciosos de verdad, pero que nunca, bajo ninguna circunstancia, vayan a ofender a nadie.

Les deseo buena suerte.

Además de depender de estereotipos y yuxtaposiciones, los chistes pueden resultar sutilmente agresivos, porque es como si la persona estuviera anunciando «mirad, estoy siendo gracioso». Esto crea la expectativa, e incluso la exigencia, de que los demás se rían, independientemente de que les parezca gracioso o no. Como ya he señalado, si la persona que cuenta el chiste ocupa una posición de poder, lo más probable es que todos suelten alguna risita, por más tensa que sea. Pero si no hay una diferencia de poder en juego, el oyente podría negarse a permitir que sea el aspirante a humorista quien defina qué califica como gracioso.

Quien sea que esté contando el chiste podría entonces experimentar esta negativa a seguirle la corriente como un rechazo, sobre todo si él (o ella) valora mucho ser considerado gracioso.

Perplejo, quizás vuelva a intentarlo.

«¿No os ha gustado ese chiste? ¿Qué os parece este otro?».

Ni una risa.

«¿Qué tal este?».

Sigue sin escucharse una sola risita.

«Alguien necesita relajarse».

Recomendación: si nos oímos a nosotros mismos decirles a los demás que no tienen sentido del humor o que tienen que relajarse, es muy probable que debamos reconsiderar nuestra forma de entender el humor. Esta simplemente no es forma de establecer vínculos. Ni de provocar risas.

De manera similar, si nos oímos decirle a un tercero «lo siento si la ofendí. Es una lástima que no sepa aceptar un chiste», somos nosotros quienes necesitamos aceptar la posibilidad de que el problema sea nuestra definición de qué es gracioso. Es probable que nuestros intentos por hacer reír sean percibidos como manipuladores, o fuera de sincronía con el público o la situación. Esto nos coloca en conflicto con la naturaleza animada y cautivadora del buen humor.

LA HERENCIA DEL HUMOR EN EL LUGAR DE TRABAJO

Hasta hace bastante poco, las cosas no estaban tan limitadas. Cuando hombres con vidas similares se apiñaban alrededor de una mesa de conferencias, parecía no haber mucha necesidad de considerar si alguno podría desaprobar esta o aquella ocurrencia. Todos los presentes en la sala estaban acostumbrados a seguirse la corriente unos a otros, así que nadie estaba en posición de ofenderse.

Dejemos algo en claro. Los hombres no son los únicos que corren riesgo al asumir el papel de comediante. He visto a mujeres meter la pata con comentarios mordaces inoportunos y bromas que muestran a los hombres como inútiles, egocéntricos, incapaces de escuchar o demasiado tontos para establecer conexiones intuitivas.

Intentar invocar el espíritu de Sarah Silverman en la sala de conferencias rara vez funciona.

Los intentos de humor basado en las diferencias generacionales entre las generaciones Z, X, Y o a los frecuentes blancos de risas que son los *baby boomers* también suelen fracasar, indicando un gusto cuestionable y generando resentimientos. Como se dijo en el capítulo seis, a nadie le gusta que lo encasillen o le pongan una etiqueta; supone un agravio a nuestra individualidad. Así que, si bien las observaciones impertinentes sobre la edad pueden ser una fuente provechosa para los monologuistas profesionales, cuyo trabajo es ser provocadores, en el lugar de trabajo pueden ser irritantes, alentar la división y fomentar una cultura de nosotros contra ellos.

Desde luego, intentar evaluar todo el tiempo qué es y qué no es aceptable puede ser agotador. El resultado es que muchas personas muy graciosas deciden que es mejor no arriesgarse.

«Me he librado de muchos de mis chistes» [1], confiesa Tom Peters, quien ha estado hablando en público en todo el mundo desde la publicación de su icónico superventas *En busca de la excelencia* en 1982 y que es conocido por su sentido del humor. «Siento que hoy en día soy mucho más aburrido, pero hay muchas maneras de ofender con las bromas. Hay mucho nerviosismo por ahí, hay cierta voluntad de juzgar a la mínima percepción o palabra. Puede ser un campo de minas, así que es mejor evitarlo».

MODERNIZAR EL HUMOR

Todo esto podría llevar a pensar que el humor en el lugar de trabajo es una especie en peligro de extinción. Si esto fuera realmente cierto, entonces debemos organizar una misión de rescate. En su mejor forma, el humor puede desactivar la tensión de una sala, unir más a los miembros de un equipo, conquistar a un público, cerrar un trato o simplemente hacer que la experiencia diaria de trabajar sea más placentera. El humor también nos permite mostrar espontaneidad y desahogarnos, sobre todo en entornos estresantes. Nos ofrece una manera de transmitir seguridad y calidez.

Es por todos estos motivos que el humor es demasiado valioso como para ser desterrado.

Para crear un ambiente laboral inclusivo debemos entender el humor y ejecutarlo bien. Puede servir como una potente herramienta no solo para dividir, sino también para unir, y es justamente por eso que todos saldríamos beneficiados de usarlo con el objetivo de que generar unión entre nosotros. La cuestión es cómo.

Ese es un asunto con el que he estado batallando durante décadas, primero como redactora de discursos, luego como autora, oradora profesional y *coach* de liderazgo. He visto a ejecutivos muy talentosos fracasar en su intento de ser graciosos, he debatido sutilezas con maestros de la oratoria y he entrevistado a *coaches* que ayudan a sus clientes a usar el humor de forma más efectiva. Lo que viene a continuación son algunas ideas sobre cómo emprender esta tarea tan esencial de modernizar el humor para lograr un lugar de trabajo diferente.

SER CONSCIENTE DE UNO MISMO Y DE LA SITUACIÓN

Acertar con el humor en un entorno sensible requiere que seamos conscientes tanto de nosotros mismos como de la situación en la que nos encontramos.

Para ser conscientes de nosotros mismos necesitamos entender *por qué* queremos contar una historia particular en un momento particular. ¿Es solo para ser graciosos? ¿O también estamos intentando demostrar algo? Quizás queramos sumar puntos con alguien presente en la sala. Tal vez estemos intentando encubrir un resentimiento o poner a alguien en su lugar con lo que creemos que es una sutil indirecta. O quizás realmente estemos intentando quitarle hierro a una situación tensa.

No importa cuál sea nuestra motivación, con solo preguntarnos *¿cuál es mi propósito para decir esto?* podemos evitar muchos tropiezos con el humor.

Ser consciente de la situación también es clave. Esto requiere preguntarnos si es el momento y el lugar para esa observación tan cómica que se nos ha ocurrido. Y pensar también cómo podría ser recibida por personas cuya experiencia de vida y formación es diferente a la nuestra.

Hace poco trabajé con una empresa energética en Houston que estaba intentando integrar a mujeres y personas de color a lo que había sido una cultura muy tradicional del ámbito de la ingeniería conformada casi en su totalidad por hombres blancos. El director ejecutivo —llamémoslo Richard— era un tipo estupendo, cálido y muy querido por los empleados de todos los niveles. Hacía poco había demostrado que iba en serio con eso de hacer que su empresa fuera un lugar mejor con la manera en la que lidió con un líder de ventas que tenía por costumbre denigrar a las ingenieras mujeres.

Richard le dijo que tenía que cambiar el tono de voz, pero el hombre se resistió. «Soy el productor principal de la empresa, así que no necesito cambiar mi estilo», respondió. «Soy quien soy y digo las cosas como son».

Richard lo despidió ahí mismo.

Yo solía reunirme con Richard en la sala de conferencias. Pero una mañana me invitó a su oficina. Cuando tomé asiento frente a su enorme escritorio, me fijé en un pequeño letrero orientado hacia mí, o hacia cualquiera que ocupara esa silla. En letras grandes y en mayúsculas, decía: sé breve, sé brillante o vete.

El mensaje no parecía encajar con el hombre con el que había estado trabajando. Así que levanté el letrero y lo giré para que apuntara hacia él. «¿De qué va esto?», pregunté.

Richard lo miró sin expresión alguna. «Ah, había olvidado que estaba ahí. Alguien me lo regaló como broma. Me pareció gracioso».

«Sé que el propósito de que trabajemos juntos es construir una cultura más inclusiva en tu empresa. Me pregunto cómo este letrero beneficia a esa meta», observé.

Richard se encogió de hombros. «Nadie se ha quejado nunca».

A lo que le respondí: «Bueno, dado que eres el jefe, es poco probable que alguien lo haga. Pero ese letrero es bastante intimidante. Quiero decir, ¿esperas que todos los que entren por la puerta sean brillantes? ¿Y en esencia les dices que se marchen si no lo son?».

Le entregué el letrero y él lo arrojó a la papelera.

«Supongo que no se me había ocurrido», señaló.

Tenía razón. En ese caso, Richard no había sido consciente de la situación.

HUMOR INTRÍNSECO

Ser consciente de la situación también es clave para usar el humor intrínseco, el humor que depende de los detalles que nos parecen ridículos en el momento, en vez de depender de chistes u ocurrencias preparadas. Esta es una estrategia particularmente útil para las mujeres, porque los estudios tienden a revelar que las mujeres que usan frases cortantes en clave de humor tienden a ser etiquetadas como mordaces. En vez de eso, percibir incongruencias en una situación dada y llamar la atención sobre ellas de manera que cause sorpresa puede ser muy efectivo para generar unión y rebajar el tono.

El humor intrínseco o situacional puede ser sutil, algo transmitido tanto en un gesto como en una palabra. Madeline Albright[2], la primera mujer en ser secretaria de Estado de los Estados Unidos, lo demostró con gran aplomo. Dos años luego de haber asumido su puesto como la diplomática principal de los Estados Unidos, el FBI arrestó a dos agentes de inteligencia rusos que estaban sentados en un banco enfrente del edificio del Departamento de Estado usando un dispositivo de escucha para monitorear una sala de reuniones de alta seguridad que se encontraba justo al lado de la oficina de la secretaria Albright. Que se sepa, fue la primera vez que la seguridad del edificio había sido violada.

La secretaria Albright convocó al ministro de Asuntos Exteriores de Rusia para que se reuniera con ella la mañana siguiente. Necesitaba hacerle saber que se había descubierto dicha violación y que no iba a ser tolerada. Pensó largo y tendido sobre qué debía decir, pero al final eligió un enfoque indirecto pero muy efectivo.

La secretaria Albright era conocida por su enorme colección de broches con los que adornaba la solapa de sus trajes o sus vestidos, por lo general para señalar una alianza, marcar una festividad o lanzar algún mensaje implícito durante alguna reunión. Para esa ocasión, buscó en su enorme caja de joyas y seleccionó un insecto realmente enorme e inconfundible, hecho de oro, ónix, ametista y pequeños diamantes.

Cuando entró a la sala donde su interlocutor ruso estaba esperando, lo miró y luego bajó la mirada hacia su propia chaqueta con un gesto directo y esclarecedor. El broche, una referencia a la palabra *bug*, que en inglés significa tanto «insecto» como «micrófono oculto», dejaba claro cuál era su mensaje: «Sabemos exactamente qué habéis estado haciendo».

Cuando volvió a levantar la mirada, el ministro, que hasta entonces se había mostrado impertérrito, se estaba riendo. Asintió con la cabeza para indicar que le había llegado el mensaje. Tras ello, pudieron mantener una charla productiva. Y la embajada rusa abandonó sus intentos de espionaje en la oficina de la secretaria, al menos durante la administración Albright.

HUMOR CUADRICULADO

El humor intrínseco o situacional depende de lo conscientes que seamos de lo que nos rodea. No anuncia su intención, sino que recurre a las circunstancias que hay a mano. Esto contrasta con las formas de humor más cuadriculadas o deliberadas que tradicionalmente han sido implementadas en las organizaciones.

El humor cuadriculado se usa de forma intencional, por lo general al inicio o al final de algún comentario, aunque también puede insertarse en el medio con la esperanza de ofrecer una especie de alivio cómico. La cuestión es que está encajado, a diferencia del humor intrínseco, que surge espontáneamente, lo que significa que suele requerir un marco. Algo como «¿habéis oído el de...?» o «me ha pasado algo graciosísimo cuando venía de camino...» envían una señal clara: «Ahora seré gracioso».

El humor cuadriculado, cuando falla, parece a la vez genérico e irrelevante («¿por qué nos hace perder el tiempo con esto?»). El humor intrínseco, cuando falla, tiende a confundir («no sé si he captado la referencia»). El humor cuadriculado sirve principalmente como un medio para resaltar la habilidad del orador para contar historias (o al menos intentarlo). El humor intrínseco crea un vínculo basado en lo que, casualmente, llama la atención en un momento concreto.

Dadas las diferencias, no es ninguna sorpresa que los hombres, que tradicionalmente han sido recompensados por usar con destreza el humor cuadriculado, tiendan a valorarse de forma muy positiva por «*iniciar*» el humor. Por otro lado, las mujeres tienden a dar un mayor valor al hecho de *apreciar* el humor. El humor intrínseco debe aflorar para poder ser apreciado[3].

Desde luego, decir que las mujeres prefieren el humor intrínseco y que los hombros usan el humor cuadriculado es un estereotipo. No todas las mujeres usan chistes intrínsecos ni todos los hombres son cuadriculados en sus intentos de ser graciosos. Además, todos evolucionamos con el tiempo. Hace dos décadas, en el mundo de la comedia estaba ampliamente aceptado eso de que «las mujeres no son buenas monologuistas». Las mujeres podrían ser muy graciosas cuando interpretaban personajes sobre un escenario o en la pantalla, donde el humor deriva del contexto. Pero en los clubes de comedia, eran los hombres quienes se subían al escenario y se enfrentaban a los abucheos. Esto ha cambiado, impulsado en los últimos años por verdaderas artistas que utilizan plataformas como TikTok e Instagram para probar sus chistes y hacer crecer su base de seguidores.

Entender las diferencias entre humor intrínseco y cuadriculado puede ayudarnos a ser más hábiles a la hora de usar la comedia a nuestro favor. Los hombres que de verdad quieren conectar con las mujeres se beneficiarían de reconocer que estas quizás vean los chistes

como una manera ingeniosa de romper el hielo antes que una herramienta para distanciarse y fanfarronear: «Mírame, ¿no crees que soy
gracioso?» Las mujeres también podrían beneficiarse a través de controlar la irritación causada por los intentos masculinos por provocar
risas inmerecidas.

EL HUMOR DE LA VULNERABILIDAD

Es más probable que el humor intrínseco provoque una risa de reconocimiento («¡yo soy igual!») que una risa de admiración («¡ese tío
es la bomba!»). Es por ese motivo que es más probable que el humor
intrínseco sea autocrítico y resulte más cómodo para mostrar vulnerabilidad.

Un ejemplo estupendo es el que comparten Naomi Bagdonas y
Jennifer Aaker, coautoras de *Humour, Seriously* (*Humor, en serio*)[4],
libro basado en un curso que impartieron en la Stanford Graduate
School of Business.

Un director ejecutivo tenía que presentar la primera reunión online con su equipo ejecutivo unos días después del inicio del confina-
miento por COVID-19. La gente estaba agotada y asustada, así que
el ambiente era tenso. El director explicó la situación, compartió un
par de diapositivas y cedió la palabra un colega sin dejar de compartir la pantalla. Todos supusieron que simplemente se había olvidado
de desactivarla. Pero lo que entonces se vio en todas las pantallas fue
que el jefe abría Google y en la barra buscadora escribía «cosas que
los líderes inspiradores dicen en momentos difíciles».

Todos rieron. El director ejecutivo había logrado, de una forma
magnífica, no solo reírse de su propia inseguridad en un momento
sin precedentes, sino también abordar una realidad a la que nadie
estaba muy seguro cómo responder. Y, al igual que Madeline Albright, lo hizo sin decir ni una palabra.

El humor autocrítico puede ser muy efectivo porque demuestra
vulnerabilidad (como en el caso del director ejecutivo: «Ya veis, yo
tampoco tengo idea de qué debería hacer»). Al mismo tiempo, la

autocrítica sirve como una herramienta poderosa pero sutil para demostrar que tienes la confianza necesaria para enseñar tu vulnerabilidad.

Pero al humor autocrítico hay que añadirle un asterisco al lado. Es más efectivo cuando te encuentras en una posición de relativo poder. Cuanta más autoridad tienes, más fácil es provocar risas al burlarte de ti mismo. Es por eso que los ejemplos de humor autocrítico por parte de personas particularmente poderosas permanecen en nuestra memoria durante décadas y se convierten en leyenda.

Al regresar de un viaje del departamento de Estado a Francia, donde su esposa deslumbró a todos con su encanto, el presidente Kennedy comenzó su siguiente conferencia de prensa diciendo: «Permitidme que me presente. Soy el hombre que acompañó a Jacqueline Kennedy a París».

Después de un año de ser ferozmente criticado por su estilo de gestión de *laissez-faire*, Ronald Reagan subió al podio durante la gala de los corresponsales de Washington y observó ingeniosamente: «Es cierto que el trabajo duro nunca ha matado a nadie. Pero yo siempre pienso: ¿por qué arriesgarse?».

A ese nivel, la autocrítica demuestra una confianza suprema. Transmite el mensaje: «Oye, estoy a gusto siendo humano». Pero puede ser un poco más difícil si tienes una posición inferior o si eres una de las pocas mujeres en la sala. En situaciones como esa, la autocrítica puede parecer una falta de confianza o un intento de dirigir la atención hacia tu propia falta de poder.

Por ejemplo, recuerdo que una vez estaba en una reunión muy numerosa en la que una empleada júnior había decidido, por algún motivo, usar chanclas. Cuando la llamaron para que hablara, tropezó dos veces de camino al podio, algo no del todo inusual cuando se usa ese calzado tan endeble. Cuando llegó al escenario, soltó una risita: «¡Algún día me las arreglaré!».

La respuesta *sotto voce*: «Esperemos».

CUANDO EL HUMOR SALE MAL

Claro que la responsabilidad de rescatar al humor no es solo responsabilidad de los aspirantes a humoristas. La forma en la que respondemos a los intentos de otros por relajar el ambiente o generar un ambiente distendido juegan un papel importante. Pero eso puede ser algo complicado. En los entornos sensibilizados de hoy en día, puede ser difícil distinguir entre los intentos genuinos por entretener que salen mal y el uso del humor al servicio de la hostilidad. E incluso cuando logramos distinguirlos, no siempre estamos seguros de qué hacer al respecto.

Podemos empezar por establecer una línea bien clara de lo que nunca es aceptable. No son apropiados, de ninguna manera, los chistes racistas, los relacionados con la etnia ni los homofóbicos; los intentos de imitar personas o acentos; las burlas sobre los nombres que impliquen que la persona no pertenece al lugar de trabajo. Tampoco son aceptables las insinuaciones sexuales ni el acoso cotidiano que se esconde tras una supuesta broma.

Pero establecer líneas claras que excluyan a estas prácticas no es una tarea exclusiva para recursos humanos. Los líderes de equipo también necesitan marcar límites. Esto suele resultar más fácil en un contexto positivo.

Por ejemplo, al principio de un proyecto: «Durante los próximos meses, reírnos juntos hará que hagamos frente tanto a los días buenos como a los malos. Es por eso que nos vendría bien establecer un par de directrices. Estas son tres cosas simples que no se aceptarán. ¿Alguien tiene alguna otra sugerencia?».

Como individuos, también necesitamos hacerle saber al otro cuando ha se ha pasado de la raya. Si es algo claramente notorio, como un chiste racista, debemos responder en el momento y ser lo más directos que podamos. Por ejemplo: «Lo que acabas de decir me parece inaceptable y denigrante, además de poco gracioso. Por favor, no vuelvas a hablar así en mi presencia». Este tipo de respuesta firme te ayudará a ti y a quienes te rodean a procesar lo que acaba de suceder. Y, a menos que el supuesto bromista esté atrincherado por completo en su posición, debería ayudarlo a mejorar su actitud.

Sin embargo, también es importante reconocer cuándo el intento de humor ha sido simplemente torpe o desafortunado, porque siempre existe la posibilidad de la corrección agresiva. Tratar un intento fallido de humor como una ofensa imperdonable crea tensión, socava el compañerismo y puede ser injusto. Como observa Tom Peters: «Cuando estamos en una búsqueda constante de posibles ofensas tendemos a aislarnos, y quienes nos rodean hacen lo mismo. Esto perjudica al espíritu de libertad del que dependen la participación, la creatividad y la colaboración».

Por lo general, señalar los despistes es una buena costumbre, pero lo haremos con mayor destreza si damos por sentado que la otra persona ha actuado con buena intención. El director ejecutivo que tenía el letrero de SÉ BREVE, SÉ BRILLANTE O VETE plantado en el escritorio era evidentemente una persona con buena voluntad, así que solo con señalar cómo los demás podrían percibir el letrero resultó ser la táctica indicada. Las personas buenas y los líderes buenos por lo general quieren saber si sus intentos humorísticos transmiten un mensaje indeseado.

Para decir las cosas hábilmente, como recomienda Molly Tschang [5], se necesita un enfoque más suave. Molly señala que tirarse a la piscina de inmediato con una fórmula directa el estilo de «¡eso no tiene gracia!» o «lo que has dicho me ha parecido ofensivo» sirve como una declaración que impide la posibilidad del diálogo. Como resultado, esas respuestas tienden a provocar una reacción neutral, como un encogerse de hombros y un «lo siento», o una respuesta defensiva: «No es mi culpa que no tengas sentido del humor». Ninguna de esas opciones ofrece un camino hacia el entendimiento. Así que es mejor guardarnos la artillería pesada para cuando se trate de algo realmente ofensivo.

Para infracciones menores, Molly aconseja usar la reacción como un punto de partida para una conversación. Por ejemplo: «Me ha parecido que lo que has dicho esta mañana ha sido inapropiado. Te lo digo porque sé que eres una buena persona y no quieres incomodar a los demás. ¿Tú qué opinas?».

Tal como lo indica Molly, esta táctica puede ser útil por varias razones. No estás señalando directamente a la persona, solo compartes *lo que te ha parecido*, lo que permite que existan otras interpretaciones. Además, estás invitando al otro de manera implícita a formar parte de la solución.

Si decidimos no comentar nada sobre una ocurrencia que ha salido mal, debemos evitar dar a la otra persona por perdida solo porque, a nuestro parecer, no ha sido graciosa. Todos cometemos errores de cálculo, juzgamos mal a nuestro público o simplemente metemos la pata. Todos decimos cosas que desearíamos no haber dicho nunca. Así que es poco realista y, por lo general, injusto juzgar a alguien basándonos solo en una palabra o una percepción incompleta.

Hay un viejo dicho atribuido a un actor en su lecho de muerte que lo dice todo: «Morir es fácil. La comedia es difícil».

CUANDO FRACASAMOS

A veces nos damos cuenta en el mismo momento que nuestros propios intentos de humor no eran tan inocentes como pretendíamos. Cuando eso sucede, lo más sabio es reconocerlo allí mismo. Una disculpa —breve y sincera, no extendida ni exagerada— suele ser buena idea.

Añadir un segundo intento puede incluso ser mejor.

Naomi Bagdonas y Jennifer Aaker comparten otro buen ejemplo. Un antiguo cliente suyo, el fundador de una empresa de comunicación, había trabajado con el mismo equipo de ejecutivos durante muchos años. Cuando una de sus miembros comenzó a ser problemática, el equipo trató de redirigir la situación a través de conversaciones honestas, intentos de corregir su rumbo y *coaching*. Pero al cabo de un año, el consenso era que Mary debía marcharse.

El programa original establecía que Mary iba a dirigir la reunión de equipo posterior a su partida, tarea que ahora recaía en el fundador. Nervioso, entró a la sala y de inmediato bromeó: «¡Todo tuyo, Mary!».

La tensión se podía cortar con un cuchillo. Todos se miraron entre ellos. Al poco, uno de los miembros del equipo habló: «No me parece que eso sea gracioso».

El fundador estuvo de acuerdo de inmediato y dijo que se había sentido inseguro sobre la ausencia de Mary y ese había sido un intento torpe de rebajar la tensión.

«Dejadme intentarlo de nuevo», sugirió, y salió de la sala momentáneamente. Al regresar, dijo: «Buenos días a todos. Sé que tenemos mucho de lo que hablar hoy. Pero quiero comenzar con unas palabras sobre la partida de Mary porque sé que ha sido difícil para todos nosotros».

El director ejecutivo se había equivocado al ser insensible respecto a la reacción que su chiste podía provocar, con lo que ser un poco más consciente le habría resultado útil. Pero aceptar de inmediato la crítica cuando alguien señaló su fallo e ingeniárselas para empezar de nuevo la reunión marcó el camino para que el equipo pudiera seguir avanzando.

La historia también resalta el valor de detenerse para preguntarse a uno mismo *¿por qué quiero decir esto?* cada vez que tenemos la tentación de compartir una ocurrencia. Si el único motivo es «porque es gracioso» o, en el caso del ejecutivo que acabamos de citar, porque te sientes incómodo, quizás quieras guardártela para tu monólogo interno. Ese es el único contexto en el que tu show de comedia siempre será todo un éxito.

9

OCTAVO DETONANTE: LA ATRACCIÓN, LAS PARTES INCÓMODAS

Nos elevamos juntos cuando reconocemos el papel que la atracción puede jugar en las relaciones en el lugar de trabajo

El movimiento *MeToo* sacó a la luz una diferencia fundamental en la forma en la que tradicionalmente mujeres y hombres habían experimentado el lugar de trabajo. Incluso las mujeres que no han sido blanco directo del mismo saben que el acoso existe, están al tanto de las advertencias que «radio patio» hace circular sobre con quién hay que evitar quedarse a solas. Así que, si bien las revelaciones acerca de los hombres poderosos que habían acosado o abusado a mujeres con las que trabajaban fueron perturbadoras e indignantes, no resultaron sorprendentes en absoluto.

Por el contrario, muchos hombres se quedaron pasmados cuando todos esos nombres poderosos comenzaron a protagonizar titulares escabrosos en 2017, tendencia que continúa con paso firme hasta el día de hoy.

La brecha que existe entre las percepciones masculinas y femeninas fue ilustrada de forma muy vívida por Dana Milbank en una columna profundamente honesta para el *Washington Post*[1]. Escribió que su respuesta inicial a los titulares había sido maravillarse de que «había pasado toda mi carrera profesional en lugares de trabajo muy afortunados en los que ese tipo de cosas jamás sucedían».

Su inocencia se hizo añicos cuando una amiga cercana que había trabajado en uno de esos lugares afortunados presentó una denuncia contra un editor poderoso con el que Milbank había trabajado en la que lo expuso como un verdadero depredador sexual en serie. A esto le siguieron revelaciones sobre un comentarista de alto perfil de un medio de comunicación en el que Milbank también había trabajado, que resultó ser famoso por aprovecharse de empleadas de puestos inferiores.

Milbank se preguntó cómo era posible que todo eso hubiera sucedido delante de sus propias narices, sin que él fuera siquiera consciente de ello.

Su ignorancia era especialmente tormentosa dado que él mismo, cuando era un joven escritor, había sido acosado por esos mismos hombres, aunque dicho acoso no fuera de índole sexual. En lugar de ser empujado contra el lavabo del baño, había recibido ataques sarcásticos sobre su trabajo, lo habían excluido de reuniones clave y a menudo lo denigraban por decir que no daba la talla.

Esas experiencias habían sido desagradables y humillantes, pero Milbank simplemente veía a los hombres que lo habían tratado con ese desdén agresivo como tipos que disfrutaban demostrando su autoridad. Y como esos hombres eran realmente poderosos, él había tomado la decisión consciente de tolerar el maltrato con la esperanza de conseguir entrar a ese club exclusivo que dirigía las revistas. Al acceder de forma implícita a apuntalar el dominio de esos mandamases, al no resistirse a su poder ni defenderse a sí mismo, Milbank había buscado facilitar su camino hacia ese círculo íntimo.

Las revelaciones que resultaron del movimiento *MeToo* hizo que a Milbank le quedara claro que sus colegas mujeres no habían estado en una situación en la que pudieran haber hecho un intercambio similar. La naturaleza física y sexual del acoso que debieron soportar, junto con las amenazas explícitas, tuvo repercusiones mucho más dañinas para sus mentes, carreras y vidas. Reconocer eso había avivado su determinación por esforzarse más por escuchar y apoyar a las colegas mujeres y respaldarlas contra el acoso laboral. Miles de hombres con los que he hablado durante estos últimos años han compartido sentimientos similares.

Desde luego, el acoso sexual no es un problema solo de mujeres. Afecta a un enorme abanico de identidades sexuales porque el detonante de la atracción no es binario. Los hombres, sobre todo si son jóvenes, pueden ser acosados por otros hombres en una posición de poder, o mujeres depredadoras, aunque eso es menos frecuente. Y las personas LGBTQ a menudo son blanco de comentarios que van desde lo insultante a lo amenazador.

UN NUEVO TERRENO

Al perturbar patrones existentes desde siempre y que prosperaban a través del silencio de las mujeres y la ignorancia de los hombres, el movimiento *MeToo* ha movilizado una ola de apoyo a políticas cuyo objetivo es sacar a la luz los casos de acoso y penalizar a los responsables, sean quienes sean. Este proceso enormemente positivo todavía sigue activo y está teniendo un impacto profundo en el lugar de trabajo, y promete convertirlo en un espacio más justo, seguro y profesional.

Sin embargo, al erosionar la línea que dividía lo que tradicionalmente ha sido visto como privado —las conductas sexuales— de lo que se considera público —nuestra vida como profesionales y ciudadanos—, la expansión del *MeToo* ha creado un entorno volátil en el que las percepciones de qué es aceptable y qué no lo es son cuestionadas con frecuencia y se encuentran en un estado de flujo constante. Esto puede hacer que sea difícil distinguir entre acoso y otras formas de conducta más benignas en las que la atracción puede o no jugar un papel, o parecerlo.

Y en consecuencia todos buscamos respuestas a tientas.

¿Son aceptables los cumplidos? ¿Está permitido preguntar si alguien está casado? ¿Podría malinterpretarse una invitación a almorzar o, si estamos en un viaje de negocios, a cenar? ¿Y si nos atrae un colega o cliente? ¿Hay alguna forma de transmitirlo sin provocar una denuncia? ¿Qué ocurre si hemos estado en una relación con alguien del trabajo, pero ahora queremos separarnos? ¿Es posible que esa persona tome represalias alegando que hemos actuado como depredadores?

Tener que negociar ese tipo de preguntas puede hacer que nos mantengamos permanentemente en guardia y encorsetados. Quizás dudemos incluso de los comentarios más triviales y evitemos cualquier tipo de alianza o amistad potencial por miedo a que nosotros, u otros, pudiéramos ser malinterpretados. Esto hace que sea más difícil fomentar el tipo de camaradería distendida que se necesita para que el trabajo no sea solo productivo, sino también placentero e interesante. Y además hace que sea difícil generar confianza.

Este es un problema para las empresas y aquellos encargados de formular sus políticas, pero también para nosotros como individuos. Necesitamos encontrar un equilibrio y clarificar qué puede ser dañino y lo que probablemente no lo sea, con el objetivo de poder evaluar mejor cuándo debemos actuar y cuándo debemos dejarlo estar.

ESTO ES PERSONAL

Los cumplidos, por ejemplo, pueden causar confusión.

Hace un tiempo trabajé con una mediana empresa encabezada por su fundador, un hombre de casi setenta años con un largo historial de contratar y ascender mujeres. Al llegar un día a la oficina, Faizi se encontró compartiendo el elevador con Robin, una empleada que había sido contratada hacía no mucho y que había terminado la universidad hacía solo un par de años. Faizi notó que ella se había cortado el pelo y ahora lo tenía muy corto, así que tras saludarla, sonrió y dijo: «Me gusta el corte que te has hecho».

Esa misma tarde, Robin y otra colega le hicieron una visita.

«Faizi, creímos que era mejor hablar contigo primero en lugar de ir a recursos humanos» dijo la colega. «Se trata del comentario que hiciste esta mañana».

«¿Qué comentario? No estoy seguro de saber a qué te refieres».

«El comentario sobre el corte de pelo de Robin. No es apropiado hablar de la apariencia de una mujer. Te has pasado de la raya».

Faizi estaba atónito y dijo que no había querido ser ofensivo.

«A un hombre no le habrías dicho que te gustaba su corte de pelo» señaló Robin.

«Quizás no, porque lo más probable es que no me hubiera dado cuenta. Aunque quizás si su pelo hubiera sido muy largo, tal vez lo habría notado. ¿Pero esto a qué viene? Siempre he halagado a todo el mundo».

«Las cosas han cambiado. Los cumplidos pueden ser malinterpretados. Sabemos que eres una buena persona, así que solo queríamos avisarte», anunció la defensora de Robin.

Faizi dijo que apreciaba su iniciativa, pero continuó insistiendo:

«¿Estáis diciendo que no puedo hacer un cumplido a nadie que trabaje conmigo?»

«No a una mujer, no si tiene que ver con su apariencia. Es demasiado personal», volvió a responder la defensora de Robin.

Faizi dijo que de acuerdo y le dijo a Robin que sentía haberla molestado. Pero más tarde, al hablar con un amigo, Faizi seguía desconcertado. «No sabía que ahora los cortes de pelo eran algo personal. Y abstenerse de hacer cumplidos parece ser una pésima manera de levantar la moral. Además, ¿cómo se supone que vamos a afianzar la relación si no podemos decir nada que no esté estrictamente relacionado con el trabajo?».

Este punto muerto al que llegaron Faizi y Robin demuestra una de las consecuencias negativas del impacto mayormente positivo que ha tenido el *MeToo*. Los intentos por penalizar la calidez y la espontaneidad no benefician ni a los hombres ni a las mujeres. Declarar reglas nuevas de manera unilateral puede resultar alienante y moralista. Y apresurarse a hacerlo demuestra, más que cualquier otra cosa, una falta de confianza.

Entonces, ¿cuál es la alternativa?

Una clave para lidiar con situaciones como esta es partir de la presuposición de que hay una intención positiva. Por ejemplo, podemos interpretar un cumplido ocasional como prueba de que un colega nos apoya y que, por más incómodo que sea, intenta hacernos sentir bien. ¿Cuál es nuestra respuesta en este caso? Siempre un simple gracias.

Desde luego, si los cumplidos se convierten en algo habitual o adoptan una connotación sexual («me gusta cómo te sienta esa blusa»), debemos hacer algo al respecto, y rápido. Quizás alcance con simplemente decir: «Tus cumplidos me hacen sentir incómoda. Por favor, para». Si los comentarios continúan, sabremos que las buenas intenciones no son un factor en este caso. Entonces podemos recurrir a un compañero o compañera en quien confiemos o llevar el problema a recursos humanos.

El subtexto del intercambio entre Faizi y Robin era la idea de que como a él le había gustado el corte de pelo de ella, eso significaba que le parecía atractiva, por más que en este caso eso no hubiera motivado el comentario. Sin embargo, en un entorno sensibilizado, nos vemos alentados a desconfiar e incluso temer la atracción. Y a percibirla como algo necesariamente irrespetuoso e inapropiado.

Esto no es demasiado útil, porque la atracción es una parte normal de la vida humana que incluso tiene una función evolutiva; es uno de los cimientos de nuestra naturaleza. Intentar construir un lugar de trabajo en el que la atracción no juegue ningún papel no es factible. La mejor opción es idear formas realistas para abordarla.

TRANSPARENCIA

Si bien el *MeToo* resaltó una diferencia fundamental en la experiencia laboral de hombres y mujeres, también allanó el terreno en un aspecto significativo. En el pasado, los romances de oficina tendían a tener repercusiones negativas en las mujeres, mientras que los hombres, sobre todos quienes tenían posiciones de poder, solían irse de rositas. Cuando se revelaba una relación con un colega, un jefe o un cliente, la mujer a menudo tenía que dejar su trabajo, pero el hombre solía seguir adelante sin muchas consecuencias.

Esto ha cambiado. La exposición de una relación en el lugar de trabajo o las consecuencias de una ruptura pueden hacer añicos la carrera tanto del hombre como de la mujer, lo que garantiza que el detonante de la atracción continúe siendo una fuerza disruptiva. Recursos humanos puede desempeñar un papel clave en la formulación de políticas que minimicen el impacto que este disparador puede tener en todas nuestras vidas profesionales. Pero nosotros necesitamos establecer nuestras propias políticas como individuos.

Para empezar, la transparencia es fundamental. No importa cuáles sean las consecuencias, no ser honesto sobre lo que sucede es abrir, de par en par, las puertas del desastre. El famoso caso de Jeff Zucker, antiguo presidente de CNN Worldwide, lo ha dejado muy claro[2].

Zucker, un líder popular, había mantenido una relación a largo plazo con la directora de mercadotecnia de la empresa. Ambos estaban divorciados, no existía ninguna disparidad notoria de edad ni poder, ni ningún indicio de favoritismo o acoso. La relación era un secreto a voces dentro de la empresa; más tarde, en las noticias se entrevistaría a otros colegas que dirían que «todo el mundo lo sabía». Sin embargo, ni Zucker ni su pareja siguieron el reglamento corporativo que exigía que informaran sobre la relación.

Esa decisión no fue nada inusual. Por ejemplo, una encuesta a empleados realizada por la plataforma de recursos humanos *Namely* halló que el setenta por ciento de los empleados no informan al departamento de recursos humanos sobre infracciones a los códigos de la empresa sobre acoso[3].

Sin embargo, tras la alegada mala conducta del periodista de CNN Chris Cuomo, al intentar apoyar a su hermano gobernador durante su propio escándalo de acoso sexual, la junta de la empresa matriz de CNN llegó a la conclusión de que no tenía otra alternativa que despedir a Zucker, no por haber mantenido un romance de oficina, sino por no haber informado de ella. El razonamiento de la junta fue que, como líder, Zucker era responsable de dar ejemplo. En lugar de eso, había burlado abiertamente la política de la empresa. Un tiempo más tarde, Chris Cuomo también fue despedido.

Este caso dejó en evidencia que hoy en día la transparencia es esencial para todos, no importa el poder que acompañe la posición que ostentes.

CUANDO NOS TOCA

De todas formas, tener en mente que lo que nos crea problemas «no es el crimen, sino ocultarlo» no hace que dar a conocer una relación que nuestro empleador puede ver como problemática sea más fácil. Especialmente si tenemos en cuenta que cumplir con el reglamento corporativo puede costarnos el empleo o resultar en un traslado indeseado.

Informar sobre una relación de esta manera también puede ser desagradable porque exige que evaluemos si la cosa va lo suficientemente en serio como para dar ese paso. ¿Nos imaginamos pasando el resto de nuestra vida con esta persona? ¿Piensa esa otra persona lo mismo? ¿Y estamos listos para tener esa conversación? Esta encrucijada es particularmente abrumadora porque lo mejor es informar al principio de la relación, que es justo cuando nos sentimos menos preparados para hacerlo y menos seguros de cómo se desarrollará.

Elizabeth Spiers, antigua editora del *New York Observer*, se enfrentó a este dilema cuando se dio cuenta de que se estaba enamorando de un compañero que trabajaba en la publicación de la empresa sobre bienes raíces comerciales y con quien colaboraba estrechamente[4].

Solo habían tenido una cita cuando Spiers concluyó que, si tenían intenciones de seguir viéndose, tenían que informar sobre su relación de inmediato. Ella cuenta: «Créeme, esa no es una conversación que alguien quiera tener al principio de la segunda cita. Algo al estilo de "¿esto va tan en serio como para poner en riesgo nuestro empleo al informar sobre ello?"».

Spiers era muy realista. «Sabía que, como jefa de Jonathan, yo era una potencial demanda por acoso sexual andante. No importaba que yo no lo hubiera acosado; era su jefa, así que esa desigualdad de poder creaba una oportunidad. Y conocía la ley laboral lo suficiente como para estar segura de que no existía ninguna situación en la que alguien que salga con un subalterno no se arriesgue a una demanda por acoso sexual. O una demanda por discriminación si lo asciendes o degradas».

Cuanto menos, era una conversación incómoda, pero Spiers tenía razón. Si se trata de amor, es necesario evaluar el coste potencial y decidir si estamos dispuestos a enfrentarnos a las consecuencias.

UNA CUESTIÓN DE EQUILIBRIO

Pero ¿y si no es amor? ¿Si es una aventura, un coqueteo, un ligue? ¿Si es una forma de poner algo de picante a nuestra vida, un pequeño drama privado que nos da energía y, admitámoslo, nos incentiva para ir a trabajar? ¿No es una conversación con recursos humanos la antítesis del espíritu romántico de disfrutar las cosas en el momento y mientras duren?

Nuestras reservas serán particularmente intensas si el secreto, los susurros y los pequeños subterfugios son parte de ese picante. Como observó una psicóloga cuyo esposo terminó siendo un verdadero seductor en el trabajo: «Parte de la emoción para él estaba en el juego, la intriga, el saber que se estaba saliendo con la suya. Ser transparente habría arruinado toda la diversión». ¿Cómo puedes sentir que estás dando rienda suelta a tu picardía interna si te la pasas descargando formularios de divulgación o confesándoselo todo a tu jefe?

Para que quede claro, no estamos hablando de relaciones abusivas. Estamos hablando del detonante de la atracción mutua, que siempre ha sido fácil de activar en el lugar de trabajo. Después de todo, pasamos días largos con nuestros colegas y a menudo atravesamos momentos cargados, emocionalmente agotadores o repletos de júbilo triunfal al colaborar en pos de nuestras metas en común. Y dadas las exigencias laborales cada vez mayores, ¿de qué otra manera se supone que vamos a conocer a otras personas? ¿No hay más alternativa que las aplicaciones de citas si estamos solteros?

No, pero sobre todo si se trata de un coqueteo, es útil conocer el coste potencial de este, con tal de poder observar el panorama completo, que incluye lo que queremos realmente de la vida y lo que creemos que podemos aportar al mundo. También es útil recordar que sentirnos atraídos por alguien no significa que estemos obligados a actuar conforme a esa atracción. Podemos sentirla, disfrutarla y dejarla estar.

Esto puede ser contraintuitivo para cualquiera que haya sido criado en una cultura que equipara ser fieles a nuestros sentimientos con vivir la vida al máximo. Pero negarnos a hacer caso tanto a la cabeza como al corazón cuando nos enfrentamos al tirón emocional de la atracción en el trabajo puede conducirnos a problemas para los que no estamos preparados.

También es importante reconocer que la atracción a menudo posee una urgencia que la hace sentir importante. Mientras que, en retrospectiva, con frecuencia miramos hacia el pasado y vemos que lo que parecía importante en un momento dado era en realidad relativamente urgente.

No perder esto de vista y ser claro con nuestras prioridades más generales quizás sea lo último que tengamos ganas de hacer cuando nos urge algo. Pero es mucho mejor que permitir que algo que quizás termine siendo un impulso pasajero, lo que los franceses llaman *folie à deux*, haga que nuestra vida profesional descarrile.

AMOR PROPIO

Buscar el equilibrio entre la cabeza y el corazón, conservar la capacidad de demostrar calidez y espontaneidad sin crear un problema, ese es el verdadero acto de equilibrismo de nuestra era. Mantener este equilibrio requiere hallar el punto medio entre los polos opuestos de portarnos mal y reprimirnos, de manera que nuestras acciones se adecúen a nuestro temperamento y respalden nuestras metas.

¿Cómo lo logramos?

Todo empieza con conocernos a nosotros mismos, es decir, tener un entendimiento claro de nuestras intenciones y nuestra capacidad de riesgo. Conocernos también requiere reconocer y aceptar nuestros sentimientos a medida que van surgiendo y al mismo tiempo no perder de vista nuestras prioridades. Ser capaces de encontrar el equilibrio entre esos impulsos enfrentados nos da un poder enorme, porque nos permite recurrir al amor propio y manifestarlo.

El atemporal ensayo de Joan Didion titulado «Sobre el amor propio»[5] resulta útil en este caso. Didion identifica la raíz del amor propio en nuestra capacidad de medirnos y aceptar las potenciales consecuencias de nuestras acciones, incluyendo el riesgo de que una relación «quizás no resulte ser una de aquellas en las que *cada día es como estar de vacaciones porque estás casado conmigo*».

Ella nos dice: «Existe una superstición muy extendida según la cual el amor propio es una especie de amuleto en contra de las serpientes, algo que mantiene encerrado a quienes lo poseen en un Edén impoluto, alejados de camas desconocidas, conversaciones ambivalentes y problemas en general. No es para nada así. No tiene nada que ver con la cara visible de las cosas, sino que se refiere a una reconciliación privada».

Didion continúa con una comparación contrastiva entre dos personajes ficticios: «el descuidado y suicida Julian English de *Cita en Samarra* y la descuidada e irremediablemente honesta Jordan Baker en *El gran Gatsby*». Jordan Baker, a diferencia de Julian English, calcula los riesgos de sus decisiones y acepta que acciones específicas pueden acarrear costos específicos. Esto le permite tener «el coraje de sus errores».

Las personas con amor propio, dice Didion, tienen justamente ese coraje porque «conocen el precio de las cosas. Si eligen cometer adulterio, no huyen más tarde, en un arrebato de consciencia, a buscar el perdón de las partes perjudicadas; tampoco se quejan de lo que es injusto, de la humillación no merecida, del ser demandados por infidelidad. En pocas palabras, las personas que tienen amor propio demuestran cierta resistencia, algo así como una osadía moral; exhiben lo que alguna vez se llamó carácter, una cualidad que, si bien es aprobada en el abstracto, a veces pierde terreno ante virtudes más negociables en el momento... Pero el carácter, el estar dispuesto a aceptar la responsabilidad por la vida y las acciones propias, es la fuente de la que brota el amor propio».

Tener carácter, según Didion, «es tenerlo potencialmente todo: la capacidad de discriminar, de amar y de permanecer indiferente. No tenerlo es estar encerrado dentro de uno mismo, paradójicamente incapaz del amor o la indiferencia».

Entender esto y saber qué estamos dispuestos a aceptar y qué estamos dispuestos a perder nos ayudará a sortear la confusión de una era en la que las líneas que separan nuestras vidas privadas de las profesionales se han difuminado. Ahora esto es igual de cierto tanto para hombres como para mujeres, para personas heterosexuales como para quienes se identifican como parte de la comunidad LGBTQ.

LAS REGLAS

Para abordar el detonante de la atracción necesitamos entender nuestras prioridades y fijar reglas para nosotros mismos. Pero el consejo de los expertos también puede sernos útil. Mientras escribía para la *Harvard Business Review*, Amy Gallo consultó a una serie de psicólogos y expertos en políticas sobre el tema de los romances de oficina y elaboró una lista concisa de lo que se debe y lo que no se debe hacer [6].

A continuación tienes un resumen:

LO QUE DEBES HACER

- Conoce los riesgos inherentes, incluyendo potenciales conflictos de intereses, perjuicios a la reputación y la posibilidad de que una relación no resulte.
- Acepta que algunas personas puedan cuestionar tu profesionalismo o tu capacidad de triunfar por mérito propio.

- Examina tus intenciones y pregúntate si es posible que tus sentimientos estén al servicio de tus propias necesidades, ya sea la gratificación del ego, la emoción o la posibilidad de avanzar en tu carrera.
- Conoce a fondo las políticas de tu empresa y entiende la lógica detrás de ellas.
- «Confiesa» temprano si has infringido alguna regla.
- Habla con tu potencial pareja sobre lo que cada uno de vosotros haríais en el caso de que la relación no resulte.

LO QUE NO DEBES HACER

- No ocultes la relación con subterfugios ni distracciones: la gente siempre se da cuenta.
- No sometas a las personas a tu relación actuando de forma poco profesional en presencia de tu pareja.
- No vayas detrás de un compañero de trabajo si tu intención no es real.
- No salgas con alguien a quien rindas cuentas o que te rinda cuentas a ti, simplemente no lo hagas.
- No creas que tu talento o tu posición excepcional te convertirá en una excepción a ninguna de estas reglas.

El detonante de la atracción es complejo por su naturaleza volátil, y porque sus raíces se encuentran en lo más profundo de nuestra psique. Para abordarlo es necesario hacer precisamente eso que el entorno actual dificulta tanto: darles a los demás el beneficio de la duda; ser directo y transparente, incluso cuando resulta incómodo; y distinguir entre el abuso de poder sexualizado y la atracción cotidiana, que es una expresión normal de la naturaleza humana.

PARTE II

UNA CULTURA DE PERTENENCIA

10

EL PODER DE LOS COMPORTAMIENTOS INCLUSIVOS

*Nos elevamos juntos cuando practicamos hábitos inclusivos
en el día a día*

Los comportamientos determinan la cultura porque la cultura vive en los detalles de cómo hacemos las cosas. Sin embargo, aunque las organizaciones han estado alabando la inclusión en declaraciones oficiales y desplegando iniciativas inclusivas durante los últimos veinticinco años, rara vez han puesto el foco en los comportamientos.

En lugar de eso, con frecuencia confunden la inclusión con la diversidad, y al hacerlo limitan el ámbito de aplicación. O imaginan que con solo usar las palabras correctas es suficiente para ser reconocidos como lugar de trabajo inclusivo.

Resulta que yo sé algo sobre estos esfuerzos porque *The Web of Inclusion* (*La red de la inclusión*), la cual he citado varias veces en los primeros capítulos, fue el primer libro en usar la palabra «inclusión» en un contexto empresarial.

Me decidí por la imagen de una red porque su estructura reflejaba la arquitectura en red de la tecnología que estaba evolucionando y que pronto reconfiguraría la forma de trabajar. Como estructura organizacional, una red parecía más apropiada que las jerarquías tradicionales que hacía tiempo dominaban el lugar de trabajo y que reflejaban un modelo tecnológico muy diferente. Y como las redes se asimilan a las telarañas en su forma orgánica tomada del mundo natural, me pareció que tenían el potencial de devolver al trabajo a una escala más humana.

Pero una red de inclusión no es una mera estructura. Es también una manera de operar. En ese sentido, las redes requieren, permiten y premian la práctica de comportamientos y hábitos inclusivos. Esto coloca a las redes en oposición a los estilos estructurados de arriba hacia abajo que antes prevalecían en las organizaciones. En lugar de cadenas de mando y canales de comunicación determinados por el orden jerárquico, las redes extienden hilos de conexiones que permiten que las personas se comuniquen a través de niveles y burbujas.

The Web of Inclusion tuvo una influencia considerable. Casi treinta años más tarde, todavía recibo invitaciones para hablar sobre el tema, casi siempre como parte de una iniciativa de diversidad e inclusión. Esto solo ya nos dice algo sobre la forma en la que la idea de inclusión ha sido absorbida por el tejido de las organizaciones. En lugar de ser algo que permee en la cultura, la inclusión ha sido encasillada, a menudo vista más que nada como una herramienta para captar la atención de las mujeres y otras personas por fuera del grupo de liderazgo dominante en vez de un rasgo propio del buen líder y que debe ponerse en práctica a todos los niveles.

Cuando *The Web of Inclusion* fue publicado, no se me había ocurrido que la inclusión fuera a estar ligada a la diversidad, aunque en las décadas que siguieron, las palabras *diversidad* e *inclusión* se han visto unidas por defecto. Este par tiene sentido, dado que es frecuente que los individuos que han sido subrepresentados se perciban como personas excluidas que se han esforzado por atraer apoyo y cuyo potencial no es reconocido.

En los últimos veinticinco años, la expansión global de las iniciativas y los departamentos de diversidad e inclusión (hoy en día unidos bajo la sigla DEI, que incluye también a la equidad) han intentado rectificar la situación. Sin embargo, la relación entre diversidad e inclusión es a menudo malinterpretada.

Por ejemplo, muchas veces oigo a líderes hablar de la diversidad como una «meta». Esto no tiene mucho sentido. La diversidad no es una aspiración ni un objetivo, es una realidad: define a la naturaleza de la reserva de talento internacional a la que organizaciones tanto grandes como pequeñas deben recurrir. La inclusión, por otro lado, es el único método sostenible para liderar a personas que históricamente han estado fuera del grupo dominante.

Entonces, la diversidad describe la *naturaleza* de la situación, mientas que la inclusión describe los *medios* a través de los cuales esa situación puede ser gestionada y conducida con mayor eficacia.

Estos dos conceptos se confunden con tanta frecuencia que lo diré una vez más:

La diversidad describe la *naturaleza* de la situación, mientas que la inclusión describe los *medios* a través de los cuales esa situación puede ser gestionada y conducida con mayor eficacia.

COMPORTAMIENTOS CONTRA PREJUICIOS

A pesar de haber estado aisladas a menudo, las iniciativas de DEI suelen ser de gran valor para las organizaciones, especialmente aquellas vinculadas con círculos de tutoría, patrocinio y *coaching*. En mi experiencia, y como ya he mencionado de pasada en la introducción, su principal fallo ha sido que suelen limitarse a ser meras formaciones para manejar los prejuicios inconscientes.

Estas formaciones suelen comenzar con una encuesta a los empleados diseñada para revelar patrones de prejuicios. Los resultados son utilizados posteriormente para diseñar seminarios o retiros en los que los participantes son entrenados para reconocer y nombrar sus presuposiciones y prejuicios inconscientes, a menudo en una situación de grupo. La idea es que, a través del simple proceso de reconocimiento, las personas comenzarán a cambiar el comportamiento. Es básicamente un modelo de catarsis, similar al popularizado por los grupos de encuentro, la terapia de grupo y los programas de doce pasos, en los que se supone que nos beneficiemos de hablar sobre nosotros mismos.

Realizar formaciones contra los prejuicios inconscientes ayuda a los líderes a sentir que están haciendo algo para enfrentarse a los asuntos de diversidad, equidad e inclusión, frecuentemente complejos. Sin embargo, los resultados suelen ser decepcionantes. A lo largo de los años he hablado con muchos clientes que han llevado a cabo iniciativas muy costosas, incluso a nivel internacional, que según evaluaciones posteriores no han supuesto una gran diferencia. Pamela Newkirk, autora y profesora de periodismo en la Universidad de Nueva York, ha documentado ampliamente la ineficacia de gran parte de las formaciones contra prejuicios inconscientes en su innovador libro *Diversity, Inc.* (*Diversidad S.A.*)[1].

Cuando le pregunto a mis clientes por qué creen que esos esfuerzos no han logrado «cambiar las tornas» (una observación frecuente), por lo general citan detalles menores. Los formadores no eran muy buenos. Los participantes no ahondaron lo suficiente. Los líderes no respaldaron la iniciativa. Había demasiados introvertidos en la sesión.

En contraste, tanto mi experiencia como la investigación de Newkirk sugieren que hay una cuestión más fundamental.

Para empezar, analicemos el término «prejuicios inconscientes». ¿Qué nos dicen esas palabras?

- Nos dicen que nos estamos centrando en nuestras partes negativas: estrechas, reactivas, sentenciosas, limitadas, egoístas, vergonzosas, potencialmente crueles... es decir, nuestros prejuicios.
- Nos dicen que estamos tratando con el inconsciente, esos pensamientos y esas impresiones aleatorias que pasan flotando por la mente y existen fuera de nuestro control consciente.

Entonces, por definición, la formación contra los prejuicios inconscientes pide a los participantes que lidien con material negativo que está fuera de su control consciente.

Estas formaciones, también por definición, se centran en palabras en lugar de acciones.

La idea que parece definirlas es que tener conversaciones nos cambiará, especialmente las conversaciones incómodas. Pero eso a menudo no es cierto. Como seres humanos, es más probable que cambiemos cuando realizamos acciones diferentes que resultan en experiencias diferentes. Posteriormente, esas experiencias comienzan a modificar nuestros pensamientos y nuestras percepciones de forma orgánica.

En otras palabras, *es más probable que al cambiar nuestras acciones cambiemos nuestros pensamientos que al cambiar nuestros pensamientos cambiemos nuestras acciones.*

Probablemente todos lo hayamos experimentado.

Por ejemplo, creemos que alguien no nos agrada, pero nos esforzamos por tratarlo bien y él responde de forma positiva a nuestro esfuerzo. En ese caso, es más probable que comience a agradarnos por esa reacción positiva a nuestros esfuerzos positivos que por haber decidido arbitrariamente que deberíamos estar más abiertos a esa persona. El solo hecho de reconocer nuestros prejuicios no nos ofrece un camino intuitivo hacia adelante, mientras que actuar sí lo hace.

Además, a los demás no les importa si algún pensamiento negativo sobre ellos cruza nuestra mente de vez en cuando. Lo que importa es que los tratemos con apreciación y respeto. Lo que marca la diferencia es nuestro comportamiento, no nuestros pensamientos aleatorios nunca verbalizados. Y que, seamos honestos, no son asunto de nadie.

El enfoque de los prejuicios inconscientes también puede activar defensas y detonantes, como lo vimos con Alex, el ingeniero del capítulo seis. Eso sucede, en parte, porque los entrenamientos contra prejuicios inconscientes priorizan ciertos prejuicios por encima de otros. Es más probable que una mujer se vaya de rositas cuando hace generalizaciones sobre los hombres y que a las personas de color se les deje pasar una observación de que «las personas blancas siempre...». Esta jerarquía de resentimientos y percepciones es comprensible en términos históricos. Sin embargo, alentar a las personas a ser honestas sobre sus percepciones negativas en una situación grupal puede resultar en una mayor división y despertar una reacción negativa, que es lo que le sucedió a Alex.

No hay ninguna duda de que estos programas tienen algún efecto positivo. Las encuestas ofrecen información útil al respecto. Los participantes pueden tener momentos de claridad o epifanías en las que reconocen cómo una actitud forjada en los primeros años de vida socava la capacidad que tienen para mantener relaciones positivas con algunos colegas. Sin embargo, apuntar a los prejuicios inconscientes suele ser un método disperso, incierto y potencialmente contraproducente para las organizaciones, los equipos, las unidades o las divisiones que busquen crear una cultura en la que la mayor cantidad posible de personas sientan que forman parte del grupo.

NUEVAS FORMAS DE SER

En lugar eso, me gustaría proponer un enfoque positivo y basado en acciones. Uno que nos permita acceder a una nueva forma de pensar a través de cómo vivimos, en vez de acceder a una nueva forma de ser a través de nuestros pensamientos.

El principio consiste en articular con claridad prácticas específicas que cualquiera de nosotros puede aplicar para crear culturas de pertenencia. Estas prácticas nos sirven a nivel individual, sin importar si somos júniors o séniors. También sirven para equipos y organizaciones que busquen derribar barreras, igualar niveles y difuminar los límites para que sus integrantes se comuniquen y colaboren de forma más amplia.

Estas prácticas incluyen, entre otras, las que son descritas a continuación.

ESCUCHA ACTIVA

Al menos dos libros sobre liderazgo ocupan mi escritorio cada semana. Todos ellos incluyen un capítulo o una sección encabezada por el imperativo «¡Escucha!».

Claro que escuchar —intentar disciplinar los pensamientos que nos distraen para poder oír de verdad y considerar lo que el otro dice— es importante (y, en efecto, imperativo). Pero crear una cultura inclusiva requiere de algo más. Escuchar en sí es una disciplina mental, un proceso interno. A menos que demostremos que estamos haciéndolo, es posible que los otros no se sientan escuchados.

Ahondar en lo que tu interlocutor ha dicho

Hay pocas maneras más efectivas de hacer que los demás se sientan escuchados que hacer referencia a puntos que ellos han mencionado cuando hablamos durante una reunión, una lluvia de ideas o una conversación. Lo sabemos porque todos hemos sentido esa satisfacción cuando alguien nos ha demostrado esa generosidad al decir: «Sobre la base de lo que Anne ha dicho, quiero decir...» o «estoy de acuerdo con la observación de Bashir». Nos sentimos irracionalmente agradecidos hacia cualquier persona que haga eso porque nos hace saber que nos han escuchado.

Por eso es una estrategia inteligente aprovechar toda oportunidad genuina que encontremos para relacionar nuestras ideas con lo que otras personas han dicho. Así como ahondar en esa apreciación en lugar de tan solo resaltar los comentarios de quienes ostentan posiciones más altas, lo cual, si lo hacemos de forma regular, es probable que nos haga quedar como unos pelotas.

¿Qué nos impide seguir esta simple estrategia?

A menudo se trata simplemente de que no hemos escuchado del todo lo que el otro ha dicho, ya sea porque estamos demasiado preocupados por lo que nosotros queremos decir o porque tenemos el hábito de dejar que nuestra mente divague. Estos son los síntomas típicos de una escucha indisciplinada.

Otro motivo por el cual no logramos ahondar en lo que los demás han dicho es que quizás dependamos demasiado de nuestra preparación previa, de los comentarios que hemos pensado, nuestros puntos clave y diapositivas, en especial durante reuniones. Esto puede encorsetarnos y hacer que nos ciñamos con rigidez a nuestro guion. Transmitimos información en lugar de ver las reuniones como una oportunidad para un verdadero intercambio.

Es así que las reuniones demasiado guionizadas socavan nuestra capacidad de construir culturas más inclusivas. Aun así, siguen siendo un rasgo distintivo de equipos y organizaciones. Una alternativa es enviar los puntos clave o las diapositivas a los participantes por anticipado y pedirles que piensen al respecto antes del debate.

Este enfoque resulta evidente, pero a menudo es pasado por alto, sobre todo por quienes dependen demasiado de los comentarios previamente pensados. Sin embargo, hay pocas experiencias menos inspiradoras que estar en una reunión en la que las personas tratan de aportar observaciones relevantes o compartir sus respuestas mientras el orador sigue haciendo pasar las diapositivas: «Buen punto, pero debemos terminar esta presentación».

¿De verdad? ¿Es realmente necesario?

Si en lugar de eso consideramos cada reunión como una oportunidad de llegar a un consenso, de crear cohesión y sentimiento de pertenencia, además de compartir información, comprenderemos la inutilidad de las presentaciones prefabricadas.

Evitar dar la razón porque sí

Ahondar en las ideas compartidas por un colega no sirve de nada si nuestros intentos por hacerlo parecen invasivos. Pero eso es lo que sucede cuando intentamos demostrar que estamos escuchando y confirmamos todo el tiempo: «bien dicho, fabuloso, ¡exacto!» Quizás nosotros sintamos que estamos mostrando empatía y siendo buenos oyentes. Pero si lo repetimos demasiado, la fluidez se corta.

Esto lo aprendí por las malas, allá por la era previrtual cuando estaba impartiendo un entrenamiento grupal a veinte gerentes de una gran empresa de seguros. La reunión había sido programada para realizarse en persona, pero ocho de los participantes se quedaron atascados debido a una tormenta de nieve y tuvieron que unirse por teléfono. El audio de esa reunión, que había sido muy animada, había sido grabado, y no veía la hora de escuchar la cinta porque había estado demasiado ocupada asesorando como para tomar notas. Sin embargo, escuchar la cinta fue agónico, porque cada vez que alguien decía algo, me escuchaba a mí misma interrumpir: «¡Qué idea fantástica! ¡Estoy de acuerdo! ¡Eso no se me había ocurrido!» No solo era irritante, repetitivo y exageradamente positivo, sino que al poco ya sonaba como si intentara acaparar la reunión y hacer que todo girara en torno a mí y mis respuestas.

Los peligros de dar la razón porque sí no han hecho más que intensificarse en nuestro entorno virtual. Por ejemplo, si estamos en una plataforma como Zoom y nuestro micrófono está encendido, la tecnología automáticamente nos resalta cada vez que reafirmamos lo que alguien dice. Todos lo hemos visto ocurrir: alguien que es muy empático o entusiasta termina llamando la atención en pantalla todo el tiempo cuando quiere dejar claro que está de acuerdo. El efecto es disruptivo, todo lo opuesto a lo que se buscaba.

Hablar el último

Peter Drucker fue quizás el pensador en materia de gestión más influyente del siglo xx, además de una persona extraordinaria con quien pasar el tiempo. Irradiaba conocimiento y sabiduría, pero también era un oyente muy activo. Ante él uno sabía que estaba en presencia de un gigante.

Peter tenía una regla para sí mismo: siempre era el último en hablar. Ya fuera uno a uno o en una reunión grande, siempre esperaba a que todos hubieran terminado antes de opinar. Al hacerlo, demostraba disciplina, paciencia y humildad. Pero esta práctica también tenía beneficios específicos[2].

En primer lugar, evitaba el peligro de que los demás ajustaran o adaptaran lo que decían influenciados por lo que él había dicho. Ese es un problema para cualquier persona que ocupe un alto cargo: una vez has hablado, los demás tienden a seguir esa línea y cualquier pregunta, inquietud u objeción que pudieran haber traído a la conversación queda sin ser mencionada mientras se atascan intentando estar de acuerdo contigo. Esto te priva de obtener información y a la vez garantiza que los demás no se sientan escuchados, por más que hayan sido ellos mismos quienes hayan elegido autocensurarse.

Hablar el último también te da la oportunidad de pensar en lo que los demás han compartido, lo que aumenta la probabilidad de que tus respuestas sean relevantes. También te permite ahondar en lo que tus interlocutores han dicho, ya que has podido escucharlos. Esperar te da tiempo tanto para escuchar como para demostrar que estás escuchando. Y como Peter supo reconocer, aumenta tu propia autoridad. Tienes la posibilidad de hacer un resumen de la situación y quizás sugerir el camino a seguir.

PARTICIPAR A PESAR DE NIVELES Y DIVISIONES

La forma en la que escuchas importa, pero a quién escuchas, también.

A menudo, las ideas innovadoras y estratégicas surgen de quienes carecen del poder posicional para poner sus conocimientos en acción, pero cuya experiencia de primera línea los conecta de forma directa con los clientes y cuyo trabajo práctico alerta sobre potenciales errores con el producto o el servicio. Sin embargo, ese conocimiento valioso basado en la experiencia con frecuencia no se comparte con quienes toman las decisiones de alto nivel, por el simple motivo de que los empleados de primera línea rara vez se encuentran en la sala cuando se toman esas decisiones.

Esa era la conocida manera de trabajar de la industria automotriz de los Estados Unidos antes de que Japón prácticamente la sacara del negocio con su modelo de fabricación integral, que era casi lo opuesto al modelo de arriba hacia abajo de los Estados Unidos[3]. Cuando un fabricante estadounidense tenía un problema con unas puertas que no cerraban bien, los directivos no solían buscar respuestas entre los trabajadores de la línea de montaje cuyo trabajo era justamente colocar esas puertas en los autos. Si bien esos empleados eran una fuente valiosa de información que la empresa podría haber usado para minimizar los defectos y frenar el avance de los autos japoneses en el mercado, nadie les consultaba.

Pero eso era en los viejos y malos tiempos, ¿verdad? Los días en los que la comunicación fluía casi en su totalidad de arriba hacia abajo y las jerarquías encasilladas no permitían romper esos límites tan rígidos que separaban a los empleados. Sí, claro. Sin embargo, por más que décadas de historias aleccionadoras sobre colapsos de fabricación y mercadotecnia hayan dado una mala reputación a la costumbre de aislar las áreas y los líderes de hoy hayan aprendido a hablar el lenguaje de la inclusión, sus esfuerzos suelen limitarse a la reestructuración de los esquemas de gestión y el nombramiento de mediadores para transmitir la información a través de las líneas divisorias tradicionales. En lugar de eso, lo que necesitamos son prácticas simples que permitan a las personas de todos los niveles compartir ideas, observaciones e inquietudes.

Una manera de garantizar la comunicación entre los diferentes niveles es invitar con regularidad a una variedad de personas para que participen de reuniones clave. Quienes contestan el teléfono, venden el producto, reparan lo que está roto y lidian con las quejas de los clientes son una fuente cuyo conocimiento tiene que ser escuchado.

Los detalles importan

La objeción más frecuente cuando se habla de incluir a los empleados de primera línea es que quizás no quieran hablar porque se sienten intimidados o no están acostumbrados a que se les escuche. Pero es más probable que eso suceda cuando los detalles de la reunión no se manejan de forma que alienten a la contribución.

Por ejemplo, una vez trabajé con una consultora mediana con base en Phoenix cuyo nuevo director ejecutivo tenía la intención de demoler la cultura tradicionalmente formal de la empresa. El antiguo equipo directivo se comunicaba casi exclusivamente entre ellos o con quienes reportaban de forma directa a ellos. Para dar un vuelco a la situación, el nuevo director ejecutivo comenzó a incluir una gran variedad de personas distintas en cada sesión de estrategia. Sin embargo, se decepcionó al ver los niveles de participación de estos y se preguntó si estaría haciendo algo mal.

Los empleados sabían con exactitud cuál era el problema.

Said Trefana, quien había comenzado a trabajar en el departamento de líneas comerciales de la empresa hacía poco tiempo, dijo: «Cuando mi jefe me pidió que asistiera a la reunión mensual de estrategia del equipo directivo, no lo podía creer. Yo, en la misma sala de conferencias que el director ejecutivo. Mi jefe me dijo que esperaba que pudiera dar *feedback* o aportar alguna observación basándome en mi contacto con los clientes, así que me preparé. Pero se me hizo muy raro, porque todo el equipo directivo estaba allí sentado alrededor de una mesa enorme al lado de las personas que responden a ellos de forma directa, y todos los demás estábamos amontonados en el fondo. Si yo hubiera dicho algo, el equipo directivo se habría visto obligado a girarse, por lo que daba la sensación de que hablar era una gran responsabilidad. Como nadie me preguntó, yo no ofrecí ningún comentario por voluntad propia. Más adelante me enteré de que mi jefe estaba decepcionado».

Esto no es nada raro. Un líder comprometido a deshacerse de las burbujas aisladas dentro de la empresa convoca a una reunión con personas que van más allá de los sospechosos habituales y que pertenecen a niveles y divisiones diferentes. Sin embargo, los estrictos protocolos jerárquicos sobre quién se sienta dónde y quién habla primero permanecen inalterables. Esto suele ser así por preocupación de que quienes tienen rangos más altos se ofendan si son relegados «a Siberia», o si no se los invita a participar primero. Así y todo, estas preocupaciones demuestran más que nada que el compromiso hacia las prácticas inclusivas no ha permeado entre el equipo de líderes.

Los estudios muestran que lo más probable es que los empleados perciban al equipo directivo como más comprometido con la inclusión que aquellos que están un nivel más abajo, que a su vez están más comprometidos que los de dos niveles más abajo, y así sucesivamente en orden decreciente. Teniendo esto en cuenta, y dado que la experiencia que cada cual tiene de su organización está más que nada moldeada por las interacciones que tiene con su jefe inmediato, no debería sorprendernos que los bienintencionados esfuerzos por derribar las diferencias de privilegio entre niveles y operar como un único equipo a menudo son vistos por la tropa como «pura palabrería». Las personas oyen al director ejecutivo hablar con elocuencia sobre su compromiso y leen las deslumbrantes declaraciones en la web de la empresa, pero no sienten el impacto en el trabajo del día a día[4].

Esto es lo que ocurrió en la reunión de estrategia de la consultora. El equipo ejecutivo estaba comprometido de lleno con los cambios que intentaban implementar y dieron por hecho que los miembros más sénior de la empresa les seguirían la corriente, pero conservaron los protocolos de dónde se sentaba cada uno para apaciguar a quienes todavía no estuvieran del todo a bordo. Esa decisión garantizó que se mandara una señal confusa cuando la empresa abrió esas sesiones a todo un abanico de empleados.

ENSEÑAR CÓMO SE HACE

Un beneficio de incluir personas de diferentes niveles en reuniones clave es que ofrece la oportunidad a empleados más jóvenes de ver por sí mismos cómo se realizan las tareas en los niveles más altos. En lugar de recibir una lista de qué debe y qué no debe hacer un líder durante una formación, pueden absorber esos aprendizajes mirando a líderes experimentados en acción.

Años atrás presencié una muy buena demostración de esto mientras observaba a Frances Hesselbein, quien en ese entonces era la directora ejecutiva de las Chicas Exploradoras de los Estados Unidos de América[5]. En esa época, Frances solía ser citada en revistas como *Business Week* y *Fortune* como una de las líderes más hábiles del mundo. Esto era algo inaudito para la ejecutiva de una organización sin ánimo de lucro que trabajaba con niñas jóvenes.

Un día, Frances tenía programada una llamada con un periodista del *New York Times* para hablar sobre una controversia relacionada con las galletas de las Chicas Exploradoras de ese año. Invitó a las seis personas que conformaban la totalidad de su equipo de comunicación, entre quienes había dos nuevas empleadas de veintitantos años, a escuchar la conversación. Cuando llegaron a su oficina, Frances las recibió con té y procedió a explicarles los detalles de lo que ella esperaba de su charla con el periodista.

El equipo asistió en silencio a la larga y a veces difícil conversación, que Frances mantuvo por altavoz para su aprendizaje. Cuando la llamada llegó a su fin, Frances pidió preguntas y comentarios. Cuando nadie más allá de la jefe de grupo se ofreció, Frances comenzó a preguntarle a miembros individuales qué habían notado, qué habían aprendido y por qué creían que ella había gestionado ciertos puntos de la manera en la que lo había hecho.

Cuando se fueron, Frances señaló las ventajas de este enfoque. «El equipo al que invité hoy es de comunicación, así que necesitan saber cómo lidiar con la prensa. Pero ¿cómo pueden aprender si nunca han visto cómo se hace? Asistir a una llamada como esta es una buena manera de ofrecerles una experiencia a la que puedan recurrir cuando llegue el momento. En muchas organizaciones, la gente joven nunca está expuesta a esto. Pero siempre es más efectivo moldear las conductas de liderazgo que enseñarlas».

Honrar el «quien no llora no mama»

Una empresa aeroespacial con sede en Houston tenía dificultades para retener a sus empleadas, por lo que creó un consejo asesor de mujeres para ayudar al equipo ejecutivo a hacer frente a la reticencia de las trabajadoras talentosas a quedarse. Bethany, la jefa de recursos humanos, lanzó una convocatoria para candidatos que quisieran unirse al consejo. Nueve mujeres y dos hombres se ofrecieron como voluntarios.

Cuando Bethany vio la lista, su corazón dio un vuelco. «Me preocupaba Flora», confesó. «Es inteligente y aporta mucho, pero no es una de nuestras empleadas más diplomáticas y es un poco escandalosa cuando se trata del progreso de las mujeres en la empresa. Mi temor era que acaparara las reuniones con sus inquietudes, o que terminara alienando a los otros miembros de consejo».

Bethany se estaba enfrentando al típico problema de qué hacer con un «llorón»: alguien que está muy comprometido con alguna causa en particular y que es conocido entre sus colegas por insistir siempre en ella, alguien que no teme decir lo que piensa, a menudo hablando largo y tendido al respecto. Estas personalidades incendiarias pueden dificultar el consenso en los grupos de trabajo. Y, a veces, puede ser un incordio trabajar con ellas.

La preocupación de Bethany me hizo pensar en una de las prácticas clave que hicieron que la fuerza especial de equidad del *Miami Herald* se convirtiera en un éxito sin precedentes, tal como lo hemos visto en el capítulo seis. Dave Lawrence, el editor del periódico, quien había reunido a la fuerza especial, declaró que uno de los principios que guiara al equipo debía ser «quien no llora no mama». Es decir, la fuerza especial debía buscar activamente incluir a quienes más insistían sobre los desafíos concretos que el grupo quería abordar.

Sí, Dave reconocía que los «llorones» a veces hacen que las reuniones sean difíciles de manejar, que el proceso se alargue y que algunos colegas pierdan la paciencia. Pero indicó que el tiempo que consumían al principio, con la fase de planear y decidir acerca de una iniciativa, a menudo era compensado por el tiempo que ganaban al final. Esto es cierto por el simple motivo de que si un «llorón» ya ha accedido a algo, es muy probable que los escépticos lo acepten sin problema.

Dave señaló: «La gente piensa: si Susan lo ha aceptado, entonces tiene que ser bueno para los nuevos empleados, porque ella no para de decir que esta empresa opera como un club elitista. Ese es el valor oculto de los "llorones": otorgan credibilidad. Si consigues que se sumen a la iniciativa, los demás creerán que vas en serio cuando dices que realmente quieres encargarte de un asunto en particular».

En el caso de Bethany, no cabía duda de que excluir a Flora del consejo habría hecho que el proceso fuera más fluido e indicaría que el consenso y la armonía eran importantes. Pero ¿desde cuándo son el consenso y la armonía rasgos distintivos del verdadero cambio? El cambio suele ser caótico, así que priorizar el no molestar a nadie tiende a transmitir el mensaje de que la empresa prefiere minimizar las disrupciones a lidiar con los difíciles desafíos que dice querer abordar.

Bethany se dio cuenta de que hacer a un lado a Flora podría resultar en una reunión repleta de recomendaciones genéricas que harían poco por llegar a la raíz del problema por el cual las mujeres se iban de la empresa. Por el contrario, incluir a Flora, y quizás emparejarla con alguien más sénior, podría establecer cierto grado de credibilidad entre las mismas mujeres a las que Bethany quería retener, lo que aumentaría la probabilidad de que la reunión lograra su cometido.

No renunciar a nada

Uno de los principales miedos de Bethany sobre Flora era que instara al consejo a abordar las políticas de ascenso para aquellos empleados con horario flexible, lo que ella veía como algo irrelevante respecto a la crisis de retención. «Si planteamos demasiadas cuestiones, temo que nos atasquemos», se lamentó.

Una vez más, la fuerza especial de equidad del *Miami Herald* nos ofrece un modelo para lidiar con el abanico de temas que suele surgir al intentar llevar a cabo prácticas inclusivas. Dos de los «llorones» de la fuerza especial del *Herald* no dejaban de insistir en las políticas de aparcamiento, según las cuales el rango del empleado determinaba el espacio de aparcamiento que le correspondía. Los líderes sénior tenían aseguradas las mejores ubicaciones, sin que importara cuándo llegaban, ni si estaban o no presentes, mientras que «los don nadie» tenían que aparcar lejos del edificio, incluso cuando llegaban a las seis de la mañana con montones de documentos que debían cargar hasta la oficina.

Al principio, los líderes de la fuerza especial objetaron: «Nuestro trabajo no es ocuparnos del aparcamiento. Nuestro propósito es hacer que el *Herald* sea un lugar más justo». Pero, desde luego, quienes se veían afectados por esta, veían a la política de aparcamiento como algo profundamente injusto, un símbolo de lo que ellos percibían como indiferencia por parte de la empresa hacia cualquiera que no tuviera poder posicional. Gracias a la presión ejercida por un par de «llorones», la fuerza especial terminó incluyendo una revisión de la política de aparcamiento en la lista de recomendaciones.

Perder su plaza de aparcamiento no era lo que los líderes del *Herald* tenían en mente cuando aprobaron la fuerza especial. Sin embargo, cambiar esa política hizo más para convencer a los empleados de que el periódico se estaba tomando las cosas en serio que cualquiera de las otras acciones que se llevaron a cabo. Eso es porque lo primero que los trabajadores veían al llegar cada mañana era una prueba tangible de que el periódico se estaba convirtiendo en un lugar de trabajo más justo.

MOSTRAR GENEROSIDAD

Cuando no nos sentimos valorados, cuando creemos que nuestras aportaciones son ignoradas, es posible que nuestra reacción sea desconectarnos. Esto puede llevarnos a una mentalidad cínica que influya en nuestro diálogo interno. «Nadie se molesta en ayudarme. ¿Por qué debería yo molestarme en ayudar a los demás?».

Entregarse a ese tipo de pensamientos socava nuestra capacidad de construir relaciones y nos priva del tipo de apoyo que necesitamos para hacernos valer. En lugar de eso, nos hundimos en un pozo de infelicidad, convencidos de que somos moralmente superiores porque no estamos haciendo otra cosa que responder a cómo se nos ha tratado.

La manera más efectiva de huir de esta trampa es actuar con un espíritu absolutamente contrario y hacer un esfuerzo adicional por hacer que los demás se sientan bien, incluso cuando nosotros mismos no lo hacemos. Este tipo de generosidad intencional se ejemplifica con la cita de san Francisco de Asís: «Que no busque yo tanto ser consolado como consolar, ser comprendido como comprender, ser amado como amar».

El presidente Kennedy le dio un giro secular a ese sentimiento e inspiró a toda una generación al declarar: *No preguntes qué puede hacer tu país por ti, sino qué puedes hacer tú por tu país.*

Mostramos generosidad cuando actuamos sin calcular cuál será la recompensa ni considerar si el objeto de nuestra generosidad es merecedor de esta. Esto es bueno para el mundo, pero también es bueno para nosotros. Es la definición de una situación en la que todos salimos ganando, tal como lo escribe mi colega John Baldoni en su poderoso libro *Grace (Gracia)*[6] cuando cita el papel que juega la generosidad en la creación de círculos de reciprocidad que nos fortalecen a través del acto de compartir: la definición misma de la riqueza de la diversidad.

La generosidad opera de forma similar a la práctica de conceder el beneficio de la duda a los demás, la cual hemos defendido en la primera parte de este libro. John Baldoni también señala que conceder ese beneficio, que es una forma de sacar la verdad a la luz, es otra manifestación de dicha Gracia. Pero lo que la generosidad hace es dar un nuevo enfoque a este ejercicio mental al vincularlo con acciones específicas: pequeñas muestras de buenos modales, palabras amables, gestos considerados.

Es asombroso, por ejemplo, cuánto placer podemos generar al tomarnos un momento para reconocer lo que hace otra persona, ya sea de forma verbal o con un mensaje o una nota breves:

- «Me ha encantado lo que has dicho en la reunión».
- «Admiro cómo expresas tus opiniones».
- «Verte me ayuda a aprender a escuchar».
- «¡Lo que acabas de decir me ha alegrado el día!»

Mis colegas Chester Elton y Adrian Gostick, conocidos como los «Gurús de la Gratitud», recomiendan que seamos generosos con nuestra apreciación, incluso en momentos difíciles. Su consejo más importante: «elogia ahora, elogia con frecuencia y no temas ni te contengas»[7].

Pero ¿y si los demás no parecen notar ni apreciar nuestros esfuerzos? ¿Y si aun así nos sentimos infravalorados?

A menos que recibamos un mensaje alto y claro de que debemos desistir, lo mejor suele ser volver a intentarlo. ¿Por qué? Porque ser generosos, en definitiva, nos ayuda a sentirnos mejor con *nosotros mismos*.

¿Y por qué íbamos a privarnos de esa oportunidad?

INVERTIR EN EL DESARROLLO PROFESIONAL DE NUESTROS COLEGAS

Hay pocas maneras más efectivas de mostrar generosidad que hacer saber a los demás que estamos comprometidos con su éxito. Esto podemos hacerlo desde cualquier nivel y etapa de nuestra carrera profesional y sin que haya barreras de género, raza ni edad.

Si somos empleados sénior

Si ocupamos un puesto alto, podemos preguntarles a aquellos que acaban de llegar a la empresa a dónde les gustaría que les condujera su trabajo. Y en lugar de aceptar respuestas vagas, como «estoy feliz donde estoy» o «no lo he pensado demasiado», podemos animarlos a describir en términos específicos qué es lo que esperan de su carrera profesional. Y podemos invitarlos a mantenernos informados a medida que vayan cambiando de idea.

También podemos preguntarles a quienes ocupan puestos menos altos qué aptitud o experiencia tienen que quizás no se esté aprovechando, y luego estar atentos a oportunidades que les permitan desarrollar esos talentos. Esta es una manera sencilla de asegurarnos de que las personas se sientan valoradas por su potencial en lugar de solo por lo que aportan. Y además indica que estamos dispuestos a hacer las veces de un mentor informal.

A lo largo de los años he llevado a cabo cientos de entrevistas de salida confidenciales y he descubierto que una de las razones más frecuentes por las que las personas (sobre todo las mujeres) dejan su empleo es «mi empresa nunca entendió lo que yo podía hacer» o «mi jefe no tenía ni idea de en qué podría haber destacado». Así que plantear de forma directa la pregunta —«¿qué talentos tienes que yo debería conocer?»— reduce la probabilidad de que los miembros del equipo se sientan infravalorados y desconectados. Esto, a su vez, nos ayuda a aprovechar mejor sus talentos.

Otra línea de indagación que puede ser útil es preguntar qué es lo que alguien necesita para operar al máximo. «¿Cómo te gusta que te dirijan? ¿Qué tipo de políticas podrían ayudarte a usar tu tiempo de la forma más eficiente? ¿Qué oportunidades podrían servirte para hacer contactos que puedan ayudarte en el futuro?». Este tipo de preguntas son muy útiles, no solo para los empleados júnior a quienes se las hacemos, sino también para nosotros. Nos permiten ser gerentes más hábiles y eficaces y mejoran nuestra capacidad de obtener buenos resultados.

Si somos empleados júnior

Cuando estamos en las primeras etapas de nuestra carrera, a menudo tenemos una visión magnificada de quienes ocupan los puestos más altos y no nos damos cuenta de que, incluso cuando son generosos y nos apoyan, también están interesados en asegurar su propio éxito. Podemos beneficiarnos de reconocer ese hecho y hacerles saber a nuestros gerentes que entendemos que parte de nuestro trabajo es ayudar a que ellos den una buena imagen, tanto frente a los clientes como frente a sus superiores.

Escucho con frecuencia la queja de que los jefes se llevan el mérito del trabajo de otros. Si bien es maravilloso cuando un gerente se molesta en mencionar de forma pública la contribución de un miembro del equipo, eso no sucede todo el tiempo necesariamente. El líder del equipo o el gerente es responsable del resultado y también del fracaso, así que tiene derecho de presumir de los triunfos.

Por lo tanto, cuando aceptamos un puesto o una tarea nuevos, podríamos comenzar por preguntarle a nuestro gerente cómo podemos trabajar nosotros para beneficiarlo a él y al mismo tiempo ayudar a que el equipo entero se luzca. Hacerlo indica que estamos dispuestos a actuar como un aliado que entiende y valora los intereses de nuestro jefe. Este tipo de mensaje que transmite la idea de «yo te cubro las espaldas» es una herramienta muy útil para construir un apoyo que vaya más allá de las barreras y las divisiones, así como para desactivar detonantes. Enseña que sabemos cómo funcionan las cosas y que somos un miembro valioso del equipo.

EL PODER DE NOMINAR

A menudo damos por hecho que los únicos que pueden actuar como patrocinadores son los líderes sénior, porque las conexiones y la posición que tienen les permiten invertir en los colegas que ellos elijan. La forma en la que lo hacen es apostando por ellos, recomendándolos para nuevos puestos, respaldando sus habilidades y fomentando sus intereses. Esto quizás nos parezca una de las ventajas del poder: la capacidad de influir en los acontecimientos para ayudar a otros a ascender. Sin embargo, no necesitamos esperar a tener un alto cargo para hacer esto. Podemos ser patrocinadores activos de otros colegas en cualquier momento de nuestra carrera.

Una de las formas más eficaces de hacer esto es nominar o recomendar compañeros para que reciban honores, premios y trabajos de alto rango. Si estamos atentos, nos encontraremos con muchas oportunidades de hacerlo. Y si alguien nos pide una recomendación de forma explícita, responder con entusiasmo en vez de considerarlo una molestia, o peor, una prueba de que la otra persona es una interesada, nos ofrece la oportunidad de construir y expandir nuestra red de manera positiva.

Recomendar y avalar no solo ayuda a nuestros colegas, sino que, en definitiva, nos beneficia a nosotros. Es más probable que las personas a las que ayudemos estén dispuestas a devolvernos el favor cuando se lo pidamos. Mi colega Ruth Gotian, quien lidera el desarrollo profesional en el Centro Médico Weill Cornell de Nueva York y estudia a personas con un rendimiento extremadamente alto, habla del impacto que tuvo este descubrimiento en su propio desarrollo.

«Todo comenzó cuando un hombre muy distinguido en el mundo de la medicina me preguntó si lo nominaría para un premio», recuerda Ruth. «Me sorprendió que alguien de su nivel quisiera mi ayuda. Pero más me sorprendió que nunca antes me había dado cuenta de que así era como funcionaban las cosas, que una persona podía pedirle a otra este tipo de apoyo. Supongo que imaginé que el respaldo y los honores se daban por sí solos. Pero él fue muy abierto al respecto y se lo pidió a muchas personas. Estaba claro que quería la mayor cantidad de votos que pudiera conseguir»[8].

Ruth se dio cuenta de que la noción de que el respaldo es algo que «se da por sí solo» es más frecuente en las mujeres. «Los hombres, sobre todo los que pertenecen a grupos dominantes que entienden el funcionamiento del sistema y dan por hecho que van a triunfar, no parecen inhibirse al hacer este tipo de peticiones. Para las mujeres, esto puede ser algo más complicado. Tememos parecer insistentes, o nos preocupa que alguien nos vea como interesadas. Pero no podemos permitirnos que ese miedo nos detenga. Pedirle ayuda a alguien significa que esa persona también puede pedirnos ayuda a nosotras, lo cual nos ofrece la oportunidad de devolverle el favor a esa misma persona o a otra. Y cuando somos nosotras quienes ofrecemos nuestro apoyo primero, estamos demostrando confianza en nuestra capacidad de contribuir y haciendo del mundo un sitio mejor».

Lo que más impresionó a Ruth fue que el hombre que había pedido su apoyo hizo que todo el proceso fuera muy fácil. «Me dio cartas que otras personas habían escrito para que usara de modelo. Me sugirió cuál era el lenguaje que más útil le sería a él. No tuve que pasar demasiado tiempo intentando decidir qué debía decir, lo que me habría hecho reacia a este tipo de cosas en el pasado. Decidí que iba a aprender de él y buscar ayuda de forma activa, haciendo que sea más fácil para los demás apoyarme y ofreciéndome a recomendar a otros. Como resultado, mis relaciones laborales florecieron».

EL ÉXITO EMPIEZA EN LA CONTRATACIÓN

Hay pocas maneras más efectivas de construir una organización inclusiva que priorizar habilidades inclusivas a la hora de la contratación. Entendí por completo el verdadero poder de este enfoque hace varios años, cuando trabajaba para una empresa asiática de recursos naturales que estaba buscando cambiar su cultura, tanto en las oficinas centrales como en sus yacimientos alrededor del mundo. El equipo directivo no solo estaba motivado por un deseo de atraer talento diverso y pulir la imagen de la empresa, sino también por un imperativo financiero muy convincente que habían descubierto poco antes.

El cambio comenzó cuando el director ejecutivo recién nombrado para el cargo solicitó por primera vez la realización de una encuesta para todos los empleados que tenían en el mundo, en regiones tan diversas como Mongolia, Sudáfrica y Chile. Esto nunca se había hecho antes debido a la cultura tradicional de arriba hacia abajo típica en la industria de la ingeniería que había dominado la empresa desde su creación y que no le otorgaba demasiada importancia a las perspectivas y opiniones de los empleados.

Los consultores contratados para desarrollar la encuesta recomendaron cuatro preguntas que se relacionaban de formar directa con las percepciones de inclusión. Estos interrogantes buscaban conocer hasta qué punto creían los empleados que sus voces eran escuchadas y valoradas, y hasta qué punto percibían que sus conocimientos influían en las decisiones que afectaban su trabajo. Los resultados de la encuesta fueron luego entregados para su análisis a un equipo interno compuesto por empleados de la empresa.

Mientras revisaba todos esos datos, una ingeniera peruana que trabajaba en el proyecto se percató de que dos de los yacimientos con menor índice de inclusión habían informado hacía poco tiempo sobre problemas de seguridad. Esto la inspiró a comparar el historial de seguridad de otros yacimientos con los resultados de la encuesta. Al hacerlo, encontró una correlación directa entre las percepciones de inclusión y la seguridad de los yacimientos. Donde las personas se sentían escuchadas y valoradas, los historiales de seguridad eran impecables. Donde no era así, los historiales dejaban mucho que desear.

Dado que los problemas de seguridad afectan de forma catastrófica a la rentabilidad de la minería, y dado que las empresas con malos historiales de seguridad pueden perder su licencia para operar en ciertos países o regiones, los datos presentaban un incentivo contundente para implementar prácticas inclusivas. Sin embargo, cuando el equipo ejecutivo lanzó una serie de iniciativas y cambios de política, se toparon con la resistencia de los supervisores y gerentes de los yacimientos, quienes consideraban que escuchar al personal era un signo de debilidad y pedir opiniones a los empleados, una forma de consentirlos.

Así que, además de una formación extensiva, la empresa decidió cambiar la política de contratación con tal de reflejar los valores que intentaba inculcar. Mientras que antes se consideraba que el principal requisito para un puesto directivo era un título de ingeniería de una buena universidad, ahora la empresa empezó a buscar personas con experiencia en la prestación segura de servicios humanos: personal de urgencias, enfermeras de cuidados intensivos, paramédicos, especialistas en mitigación de accidentes, etc. Es decir, personas motivadas por el deseo de ayudar a otros y acostumbradas a tomar decisiones basadas en lo que han aprendido gracias a preguntar y consultar.

En otras palabras, la empresa comenzó a contratar basándose en la inclusión.

Tom Peters, quien ha estado estudiando y escribiendo sobre la excelencia durante los últimos cuarenta años, ve esto como una tendencia[9]. Cita el caso de una empresa de atención médica a domicilio con la que trabajó y la cual se había visto afectada por el aumento de la tasa de hospitalización de personas que podrían haber sido tratadas como pacientes ambulatorios si su enfermedad se hubiera detectado antes.

Cuando el proveedor de servicios médicos comenzó a entrevistar a los pacientes para darse una idea de qué era lo que estaba fallando, descubrió que el problema principal era que los trabajadores de primera línea no hacían las preguntas indicadas, no escuchaban las respuestas de los pacientes ni seguían indagando sobre información que podía ser útil. En lugar de eso, se centraban en ser eficientes y completar sus tareas. En hacer las preguntas solo para completar un formulario.

Como resultado de estos hallazgos, el proveedor decidió dar una vuelta a las prácticas de reclutamiento y empezar a preguntar a los potenciales empleados sobre los servicios comunitarios de los que habían participado. La idea era que había más probabilidad de que quienes hubieran sido voluntarios en la comunidad se preocuparan más por los demás y les prestaran más atención. A partir de entonces, el proveedor contrató a personas con ese tipo de historial para cubrir puestos de los sectores financieros y operativos, y como personal de salud.

Al cabo de un año, las hospitalizaciones disminuyeron de forma significativa.

Tom cree que «el noventa por ciento de nuestros problemas pueden mejorar si contratamos con el compañerismo en mente. En lugar de eso, muchas organizaciones continúan reclutando y ascendiendo a las personas según sus habilidades técnicas, presumiblemente la brillantez, el carisma y el tener los contactos indicados. De hecho, esa es una manera efectiva de excluir el tipo de cualidades blandas que las empresas necesitan para mantener a los empleados motivados y comprometidos, y para ofrecer un servicio superior a los clientes».

Como indica Tom, mientras que alguien puede recibir formación para las habilidades técnicas (que están en constante cambio), es mucho más difícil entrenar a alguien para que le importe lo que hace. «Pero puedes contratar con eso en mente. Lo que quieres es encontrar personas que se relacionen con los demás, que escuchen y no menosprecien ni encasillen a quienes trabajan con ellas. Cuando a las personas les importa lo que hacen, a la empresa le importa lo que hace, así que asegúrate de que eso se vea reflejado a la hora de contratar. Y recuerda que los fanfarrones que disfrutan ostentando el poder sobre los demás suelen causar efectos duraderos y de gran envergadura».

EL MOMENTO DE LA REVELACIÓN: ¿Y AHORA QUÉ?

Todos nosotros, sin importar el nivel en el que estemos, podemos usar las prácticas descritas en este capítulo para ayudarnos a construir equipos y culturas más inclusivas. Pero los enfoques basados en el comportamiento pueden ser extraordinariamente efectivos cuando un líder se compromete de forma absoluta a centrarse en las conductas en lugar de en los prejuicios.

Mike Kaufmann, director ejecutivo de *Cardinal Health*, es un buen ejemplo a seguir. Mike está tan interesado en la promoción de la mujer en su empresa que solo acepta invitaciones para dar charlas ante grupos externos si puede hablar de temas relacionados con la diversidad, la equidad y la inclusión[10].

Hace unos catorce años, Mike decidió trabajar de forma directa con el grupo de recursos para empleadas mujeres de Cardinal, que en ese entonces era una red nueva y relativamente pequeña. Esa experiencia práctica lo ayudó a entender tanto sobre aquello en lo que las mujeres podían contribuir como sobre las restricciones culturales y estructurales que las limitaban. Como consecuencia, puso en marcha dos iniciativas cuyo objetivo era permitirle abogar más efectivamente por las mujeres de la empresa y aumentar la participación femenina, sobre todo en los niveles más altos.

Lo primero que hizo fue contratar a una *coach* externa con décadas de experiencia en el liderazgo femenino para que trabajara con él solo en las cuestiones de género. «Necesitaba a alguien que entendiera los desafíos y supiera reconocer el progreso. Y que pudiera decirme lo que necesitaba oír en lugar de lo que quería oír», dice.

En segundo lugar, reclutó entre cinco y siete «informantes de la verdad» dentro de Cardinal, personas que trabajan dentro de la empresa cuya tarea consistía en mantenerlo al tanto de los triunfos y reveses de la empresa con respecto a las mujeres. Así lo explica: «Me reúno con ellas con regularidad. Primero doy un discurso, luego les hago preguntas. ¿Qué os ha parecido? ¿Cómo ha resultado? ¿Qué podría haber hecho mejor? También les pregunto qué está sucediendo en la empresa, dónde puede haber problemas potenciales y hasta qué punto coincide lo que las personas dicen con cómo se comportan. Esas conversaciones me ayudan a entender quién es buena persona y quién no, quién se esfuerza por mejorar las cosas y quién no está convencido. No es que necesariamente vaya a despedir a la mala persona, aunque lo he hecho en alguna ocasión. Pero me aseguraré de que, sea quien sea, comience a actuar de una manera que respalde lo que estamos intentando hacer».

Hace dos años, Mike expandió su enfoque para que abarcara también las cuestiones raciales. Trajo un *coach* externo, una persona afroamericana con mucha experiencia, para que le dijera lo que él necesitaba oír. Y convocó a entre cinco y siete «informantes de la verdad» que se reunían con él con regularidad para hacer comentarios sobre el progreso y los obstáculos relacionados con cuestiones raciales.

En las asambleas trimestrales que Mike organiza para todos los empleados, siempre dedica dos horas a temas relacionados con DEI. Invita a empleados de todos los niveles a compartir sus historias personales, ya sea de forma individual o en grupos. Estos relatos llevan a muchos momentos de revelación.

Uno de esos momentos tuvo lugar durante una asamblea en la que un par de gerentes de contratación estaban debatiendo sobre la reticencia constante por parte de sus empleadas a postularse para puestos directivos cuando había una vacante. Varias mujeres se unieron a la discusión y describieron la razón de sus dudas y por qué a menudo creían que no cumplían con los requisitos necesarios.

Mike se dio cuenta de que sería beneficioso para los gerentes de contratación de la empresa que las listas de candidatos no se crearan en función de los voluntarios para los nuevos puestos, sino en función de quiénes creían ellos que eran los candidatos más calificados. Poner esta idea en práctica resultó en un aumento inmediato en la cantidad de mujeres ascendidas.

Mike observa: «Una vez hablé de esta experiencia con un grupo externo. Más tarde, un director ejecutivo de una farmacéutica me llamó para decirme que mis comentarios le habían impactado. Estaba buscando nombrar a un nuevo director financiero y dos hombres se presentaron como candidatos, pero la mujer que él creía que estaba más cualificada no lo había hecho. Estuvo a punto de elegir a uno de los hombres, pero tras escucharme a mí, le dijo a la mujer que creía que sería una candidata ideal. Ella le respondió que agradecía la oferta, pero a continuación pasó media hora argumentando con él todos los motivos por los que no estaba preparada para ese tipo de puesto».

De pronto, cuenta Mike, el director ejecutivo decidió dejar de discutir. «Me dijo que se había decidido. Él creía que ella estaba tan preparada como cualquier otra persona en la empresa y que probablemente tuviera más experiencia real, así que la eligió. Un tiempo después, él me llamó para contarme que ella había tenido tanto éxito en su nuevo puesto que la acababan de ascender a presidenta de la empresa. Me dijo que eso nunca habría sucedido si él no hubiera escuchado mi charla. Ese fue su momento de revelación».

Mike señala que los momentos de revelación no sirven de mucho si no nos impulsan a actuar y a cambiar nuestro comportamiento. Así que su lema personal, que comparte con tantas personas como puede, ha pasado a ser *Este es un momento de revelación. ¿Y ahora qué?*

Mientras hablaba con Mike, me di cuenta de que «Este es un momento de revelación. ¿Y ahora qué?» describe también la estructura de este libro.

Los detonantes de la primera parte ofrecen decenas de momentos de revelación y a la vez identifican formas en las que pueden ser abordados.

Las prácticas de inclusión de este capítulo y los siguientes están dedicadas al *¿y ahora qué?*: acciones que podemos tomar para superar las barreras que hacen que nuestras relaciones se estanquen y que evitan que construyamos culturas de pertenencia.

11

RECLUTAMIENTO INFORMAL

Nos elevamos juntos cuando nos respaldamos entre nosotros

Construir una cultura de pertenencia suena como una idea atractiva y útil. Y dividirla en prácticas simples, como hablar el último, honrar el «quien no llora no mama» e invertir en el desarrollo de nuestros colegas, hace que parezca algo lineal, incluso simple.

Pero que sea simple no significa que sea fácil.

Una de las dificultades que acarrea es que, como seres humanos, venimos equipados con alguna clase de «mecanismo de borrado de memoria». Decidimos hacer algo de forma más sana o beneficiosa y, al principio, nos sentimos inspirados y llenos de esperanza. Pero tras un par de semanas o meses llegamos a una etapa difícil. Quizás estemos cansados, irritados o desalentados. O quizás simplemente nos hayamos hartado del esfuerzo que requiere el cambio. Al estar bajo presión, regresamos a nuestras respuestas automáticas y nuestros comportamientos ya establecidos. Y, con el paso del tiempo, olvidamos aquello por lo que estábamos trabajando con tanto esmero.

Romper cualquier tipo de hábito es difícil porque quedarnos en nuestra zona de confort es algo fácil, conocido y seguro. En contraste, hacer algo de una manera nueva implica que pensemos nuestras acciones y respuestas con detenimiento. Nuestro cerebro y sistema nervioso interpretan esto como trabajo extra, así que lo registran como una molestia. Si tenemos el hábito de hablar primero, contenernos resulta incómodo. Si solemos evitar a las personas que creemos que no son de nuestro estilo, intentar conectar con ellas puede resultar falso. Si estamos acostumbrados a sentarnos al fondo de la sala, movernos de pronto a la primera fila puede parecer invasivo, incluso grosero.

Por favor, ten esto en cuenta: ninguna de estas acciones es intrínsecamente incómoda, poco auténtica ni invasiva. Solo parecen serlo porque no estamos acostumbrados a ellas. Para generar un cambio duradero, debemos tolerar el sentirnos un poco incómodos hasta que los nuevos hábitos se hayan creado. Y necesitamos construir estructuras de apoyo que nos hagan rendir cuentas respecto a lo que intentamos conseguir.

Si no contamos con dicho apoyo, nuestra incomodidad puede impulsarnos a crear narrativas que nos sirvan de excusa para regresar a los viejos hábitos.

Narrativas como las siguientes:

- ¿Por qué estoy intentando hablar con esta persona? ¡Tenemos muy poco en común!
- Esta reunión es aburridísima... es hora de escaquearme.
- Me siento como un idiota actuando como si esto me importara.
- ¿Por qué debería ceder mi lugar a ese tonto?

Pensamientos como esos están destinados a socavar nuestros esfuerzos. Ese es su propósito: empujarnos de vuelta a nuestra zona de confort para evitarle a nuestro sistema el estrés que el cambio despierta inevitablemente. Para perseverar debemos someter nuestra resistencia a una ducha de realidad. Eso significa salir de nuestra cabeza y reclutar algo de apoyo.

LAS BASES DEL RECLUTAMIENTO INFORMAL

Conseguir apoyo nos proporciona, simultáneamente, perspectivas nuevas y medios potenciales a través de los cuales rendir cuentas sobre los cambios que buscamos lograr. También nos ofrece un incentivo adicional para perseverar cuando el cambio resulta demasiado difícil. Si nos hemos molestado en contarle a un colega que tenemos la intención de poner en práctica un comportamiento nuevo, es más probable que sigamos intentándolo, sobre todo si les hemos pedido ayuda, porque no queremos quedar como unos tontos.

Saber que tenemos apoyo también nos ayuda a desactivar nuestros «mecanismos de borrado de memoria» integrados, porque ver a la persona en la que hemos confiado, o incluso pensar en ella, nos recuerda que nos hemos comprometido a actuar de cierta manera.

Involucrar a los demás en nuestros esfuerzos por lograr cambios de comportamiento positivos es siempre una buena idea. Y hay muchas formas de hacerlo. En mis seminarios y sesiones de formación uso una práctica simple a la que llamo reclutamiento informal. Se trata de una adaptación que he hecho del método de *Feedforward*[1] de Marshall Goldsmith, que consiste en pedir *feedback* sobre acciones futuras en lugar de una crítica sobre lo que ya hemos dejado atrás. También me baso en su técnica de *Coaching* Centrado en las Partes Interesadas, que requiere que las personas que están recibiendo la formación soliciten la opinión de sus colegas para ayudarles a crecer.

Marshall desarrolló estas prácticas como respuesta a las investigaciones que indagaban sobre qué tenían en común las personas que consiguen sostener un cambio de comportamiento a largo plazo. ¿La respuesta? *No intentan hacerlo solas*. Trabajan con un *coach*, un compañero que haga las veces de *coach* o un mentor que les ofrezca sugerencias, que las aliente y que las haga rendir cuentas mediante un seguimiento.

Claro que no todos pueden pagar un *coach*, y muchos de nosotros tenemos dificultades para conseguir al mentor correcto. La ventaja del reclutamiento informal es que permite que cualquiera de nosotros adapte la premisa de «no hacerlo solo» a sus circunstancias diarias. Es tan simple como fácil, requiere una inversión de tiempo mínima y no implica ningún coste financiero. Ni siquiera necesitamos pensar demasiado. Lo único que debemos hacer es seguir los pasos y hacer algún ajuste a medida que avancemos.

Hay dos formas principales de practicar el reclutamiento informal. La primera es solicitar apoyo en tiempo real. La segunda es el *coaching* situacional entre pares.

SOLICITAR APOYO EN TIEMPO REAL

La forma más básica del reclutamiento informal es solicitar apoyo antes de una reunión, presentación o cualquier ocasión en la que planees practicar un hábito nuevo.

Imagina que estás preparando una presentación en persona para tu equipo. Poco antes de que tenga lugar, te acercas a un colega. Aquí tienes un posible guion:

«Me gustaría pedirte un favor antes de la reunión de esta tarde».

«¿De qué se trata?»

«Voy a hablar de cómo está funcionando la implementación del nuevo *software* y preveo muchas preguntas. Me han comentado que a veces doy demasiados detalles cuando hablo sobre tecnología y acabo causando más confusión. ¿Podrías estar atento y decirme, al acabar, si me enrollo demasiado? ¿O si hay algún momento en el que podría haber dicho algo con mayor claridad? Realmente necesito mejorar en esto y agradecería tu opinión».

«Desde luego, no hay problema».

«¡Gracias! Hablamos después de la reunión y me dices lo que hayas visto».

Cuando volváis a hablar, lo único que debes hacer es escuchar. No hagas comentarios, no expliques por qué las sugerencias que te ofrecen podrían no funcionar. No prometas seguir ninguno de los consejos que recibes. *Solo escucha.*

Y luego, vuelve a darle las gracias a esa persona.

¿Qué podría ser más fácil? ¿Y qué podría ser más efectivo? Echa un vistazo a todo lo que has logrado:

- Le has hecho saber a tu colega que estás trabajando para mejorar en algo y has demostrado tu dedicación, tu diligencia y tu humildad.
- Le has hecho saber que valoras y respetas su opinión, y que te interesa saber lo que tiene que decir.
- Has abierto la puerta a una relación basada en una demostración proactiva de la confianza al ser honesto y dejar ver un poco tu vulnerabilidad.
- Te has puesto en una posición propicia para recibir ideas positivas y útiles para mejorar en el trabajo y en la vida.
- Has pedido que se te responsabilice de actuar para solucionar un hábito que se interpone en tu camino, lo que aumenta la probabilidad de que lo hagas.
- Has aprovechado a un colega para tu propio desarrollo.
- Has expandido tu red de forma positiva.

La pregunta que recibo con mayor frecuencia sobre este proceso es «¿a quién debería pedírselo?». La respuesta es que en realidad no importa demasiado. No es necesario que conozcas particularmente bien a la persona, ni que sientas que tenéis mucho en común. Cualquiera que pueda observarte en tiempo real mientras pones a prueba una nueva conducta sirve, siempre que creas que los comentarios que te vaya a hacer serán honestos.

La segunda pregunta que recibo con mayor frecuencia es «¿qué hago si alguien se niega?». En mi experiencia, esto no suele suceder, a menos que tu petición no haya quedado clara. Pero si sucediera, limítate a darle las gracias a esa persona por considerarlo y busca a otra que puedas reclutar. No es necesario interpretar esa negativa como un rechazo o una falta de respeto. Quizás la persona a la que le has preguntado está teniendo un mal día o está pensando en una discusión que ha tenido con su pareja. Quizás es que simplemente no le interesa. No importa cuál sea la razón, prueba con otra persona.

Cuanto más practiquemos esta técnica, más fácil será, y podremos identificar más áreas en las que nos vendría bien algo de ayuda.

Al poco tiempo, pedir apoyo se convertirá en nuestra respuesta inmediata cuando intentemos cambiar algo. Esto aumentará la probabilidad de que logremos un cambio que se sostenga en el tiempo. También tendremos una herramienta fácil de usar para construir relaciones nuevas y ampliar el alcance de nuestras conexiones. Y siempre es más fácil sentirnos motivados cuando sabemos que alguien nos respalda.

COACHING SITUACIONAL ENTRE PARES

El *coaching* situacional entre pares opera de manera similar, pero tiene otros requerimientos[2]. En lugar de pedirle a alguien que te observe en una situación en tiempo real, le cuentas qué es lo intentas cambiar y le preguntas si tiene alguna recomendación.

Una vez más, no es necesario que conozcas bien a la persona, aunque en este caso es útil pedirle a alguien que creas que es hábil con lo que sea que estés intentando mejorar.

Por ejemplo:

«Fred, ¿tienes un momento?»
«Desde luego».
«Estoy trabajando en ser más concisa a la hora de comunicarme. Me han dicho que a veces me voy por las ramas. Siempre he admirado lo claro y conciso que eres tú al hablar. Me preguntaba si tenías alguna recomendación para darme. ¿Hay algo que hagas para prepararte?»

La idea aquí no es pedirle a Fred que te observe. En lugar de eso, el objetivo es obtener algunas sugerencias que puedan serte útiles. Como le has planteado la pregunta desde tu observación acerca de sus conocimientos, sería extraño que Fred se ofendiera ante una petición tan razonable y llena de admiración. Lo más probable es que se sienta halagado y quizás pase a tener una nueva perspectiva positiva de ti. Y tú tal vez consigas información o recomendaciones valiosas.

Cuando Fred te diga lo que piensa, ya sea en el momento o más adelante, tu trabajo es, de nuevo, solo escuchar. Claro que puedes indagar con mayor profundidad si quieres conocer más sobre alguna práctica en particular de las que él comparta contigo. Pero este no es el momento de criticar lo que él sugiere, de hacer promesas sobre el futuro, ni tampoco insinuar algún «sí, pero...». Tu única responsabilidad es pensar en lo que él ha dicho. Puedes actuar conforme a sus sugerencias, tanto ahora como más adelante. Si lo haces, quizás le podrías hacer saber cómo te ha resultado. Esto te ofrece la oportunidad de rendir cuentas sin sumarle a él una responsabilidad innecesaria.

LA VERDAD DE LA PUBLICIDAD

Estas dos prácticas simples nos ofrecen muchas ventajas. Es más probable que hagas lo que dices porque alguien te está observando. Recibes apoyo al intentar salir de tu zona de confort. Demuestras tu calidez humana y tu buena predisposición al cambio.

Y tienes la oportunidad de publicitar el hecho de que estás cambiando.

Este último punto es importante. A menudo las personas con las que trabajamos (por no hablar de nuestra familia) tienden a asociarnos con hábitos que hemos dejado atrás. «Ah, ella siempre llega tarde a las reuniones», dice un miembro del equipo cuando en realidad nos hemos estado esforzando mucho y no hemos llegado tarde en seis meses. El problema es que muchas veces los demás no se dan cuenta. Recuerdan que antes teníamos un problema crónico de impuntualidad, así que continúan viéndonos a través de esa lente.

Articular lo que queremos cambiar y pedir ayuda hace que nos resulte más fácil llamar la atención sobre el comportamiento que hemos cambiado porque le hacemos saber a los demás que estamos trabajando en ello. Una vez lo han oído, o tras oírlo un par de veces, empiezan a notarlo y a reconocer nuestro mérito. «¿Recuerdas que Iris siempre llegaba tarde? ¡Vaya si ha cambiado!».

¿Cómo puede ser que de pronto lo hayan notado? Porque les hemos llevado a notarlo al contarles lo que estamos haciendo.

HÁBITOS A SEGUIR

Cuando pidas apoyo en tiempo real o uses el *coaching* situacional entre pares, ten en cuenta los siguientes puntos:

HAZ PETICIONES ESPECÍFICAS

Si estás siendo demasiado general, corres el riesgo de forzar al otro a descifrar qué es lo que estás queriendo decir. Es más fácil responder a «estoy intentando ser más concisa en mis presentaciones y me preguntaba si tenías alguna recomendación» que a «necesito ser una comunicadora más efectiva. ¿Puedes ayudarme?».

LIMITA EL MARCO TEMPORAL

La gente suele estar muy ocupada, así que cuando alguien les pide ayuda, quieren tener una idea de cuánto tiempo le llevará. Especifica que se trata de algo excepcional, si es apropiado, especifica cuándo te resultaría más útil. Es preferible un «¿puedes observarme en nuestra próxima reunión el lunes a la mañana?» que un «¿puedes observarme en una reunión?». No quieres que la persona a la que estás reclutando se pregunte si se trata de un compromiso a largo plazo.

MUESTRA TU GRATITUD, PERO NO EXAGERES

Cuando reclutas el apoyo de alguien, estás pidiendo un favor, así que tienes que mostrar tu agradecimiento, incluso si lo que te ofrecen no es demasiado útil. Un simple «gracias» dicho con honestidad es suficiente. Resiste la tentación de ser muy efusivo o decorar tu agradecimiento con un sinfín de comentarios sobre lo maravillosa que es la otra persona. Encontrar el equilibrio entre la dignidad y la gratitud es una señal de que vale la pena que te ayuden.

MEJORAR JUNTOS

El reclutamiento informal puede servirnos para mejorar en cualquier área y hacer que rindamos cuentas en nuestro intento por convertirnos en las personas que queremos ser. Pero es una herramienta particularmente efectiva para la construcción de relaciones que trasciendan las diferencias.

Los reclutadores activos consiguen forjar conexiones inesperadas, construir redes de apoyo robustas y diversas, e inspirar el tipo de confianza que ayuda a que la cultura en general sea más abierta. Los reclutadores activos también se vuelven expertos en «llegar al fondo del asunto en poco tiempo» y generan conversaciones honestas y significativas con personas a las que apenas conocen, lo que puede tener un gran valor en el momento o a largo plazo. El mero hecho de hacer una petición demuestra que consideramos a la otra persona como un potencial aliado, alguien a quien queremos incluir en nuestro círculo de conexiones.

Es por todos estos motivos que el reclutamiento informal es una de las herramientas más potentes y accesibles que tenemos a nuestra disposición para mejorar juntos.

EL RECLUTAMIENTO INFORMAL COMO HERRAMIENTA PARA ENFRENTARSE A LOS DETONANTES

El *coaching* situacional entre pares es de particular utilidad para confrontar los detonantes que, de otra manera, podrían sembrar las semillas del resentimiento y solidificar la división. Sean y Beth nos ofrecen un muy buen ejemplo real de cómo puede funcionar.

«Beth, ¿tienes un momento?»

«Desde luego. ¿Qué sucede?»

«Me he dado cuenta de que mis intentos de ser gracioso en las reuniones no siempre son recibidos como a mí me gustaría. A veces es solo que no hacen gracia, pero en otros momentos hay personas que parecen ofenderse, sobre todo las mujeres. Creo que el equipo trabaja mejor cuando nos reímos en la sala, y es por eso que cuento muchos chistes, pero no quiero parecer molesto. Tú pareces hacer reír a todo el equipo de una forma que resulta muy positiva. ¿Hay algo que hagas que podría ayudarme?»

Esta es una petición difícil de hacer, y Sean merece que se reconozca su honestidad y el ser tan directo sobre un tema potencialmente complejo, sobre todo porque Beth bien podría confirmar su intuición de que no da la talla en materia de humor, que siempre es algo doloroso de escuchar. Pero al mostrarse vulnerable, demuestra a la vez que confía en ella y que está dispuesto a cambiar.

«Sean, ¿me estás pidiendo ejemplos de momentos en los que tu humor no ha funcionado?», pregunta Beth en busca de clarificación.

«No, no me estoy centrando en el pasado. Lo hecho, hecho está. Necesito mirar hacia adelante. Lo que quiero saber es si hay algo que tú haces, o dejas de hacer, para usar el humor de forma más hábil».

«Gracias por el cumplido; me alegra mucho oír eso —responde Beth tras pensar por un momento en lo que Sean ha dicho—. Y tu pregunta me ayuda a pensar en cómo interactúo con el equipo. Se me ocurren dos cosas. La primera es que pocas veces recurro a chistes, en parte porque soy pésima contándolos, y en parte porque muchos chistes consisten en reírse de alguien, incluso cuando no es de forma explícita. Además, antes de decir cualquier cosa que me parezca graciosa, siempre me detengo y me pregunto por qué quiero decirla. ¿Es porque quiero rebajar la tensión? ¿Es para unir al equipo? ¿O es para parecer lista? Cuando el motivo es este último, y a menudo lo es, me olvido del comentario, aunque me parezca graciosísimo. Saber qué es lo que quiero lograr me ayuda a ejercitar mi buen juicio y hace que en mi mente el equipo siempre sea lo primero».

«Eso me ayuda mucho. ¡Gracias!»

«Si se me ocurre algo más, te lo haré saber. Significa mucho para mí que hayas preguntado sobre este tema.»

Tanto Sean como Beth se han beneficiado de este intercambio. Sean se ha marchado con dos ideas sólidas que podrían ayudarlo a ser más hábil en el uso del humor. Beth recibe *feedback* sobre qué es lo que la convierte en una líder de equipo efectiva. Eso podría ayudarla a ser todavía más intencional con sus acciones en el futuro.

Sean y Beth también están fortaleciendo la confianza entre ellos al abordar de forma directa una situación potencialmente incómoda. Eso los fortalece a ellos y fortalece al equipo.

EL RECLUTAMIENTO INFORMAL COMO HERRAMIENTA PARA CONSTRUIR HÁBITOS INCLUSIVOS

Solicitar apoyo en tiempo real es una manera muy útil de practicar los comportamientos inclusivos. Veamos un ejemplo de cómo podría funcionar.

Lars es el líder de la unidad de atención al cliente de su empresa. Durante las últimas dos semanas ha estado trabajando con su equipo en la preparación de un informe oficial sobre las ventajas y las desventajas de seguir ofreciendo un producto en particular. El equipo directivo está considerando descatalogarlo como parte de una alineación estratégica. Pero quieren tener una idea de cuál sería la reacción de los clientes.

Lulu, la «llorona» del equipo, insiste en que, según su experiencia de primera línea en atención al cliente, deben mantener el producto en el mercado. Es por eso que ha sido activa en la tarea de documentar las formas en las que la empresa se beneficiaría de seguir teniéndolo en circulación. Pero es tan entusiasta que no deja de presionar al equipo para que añada argumentos nuevos al informe, o para que ahonde en los puntos que ya se han incluido. Sus constantes «¿qué os parece si hacemos esto?» han hecho que el proceso sea muy lento.

Lars está cada vez más irritado con Lulu. Ella lo nota y su respuesta es mantenerse firme. Pero ahora los directivos han pedido el informe y Lars tiene que entregarlo.

El problema es cómo lidiar con Lulu.

Está considerando enviar el informe sin ningún ajuste final. O incluso hacerlo circular para que se añadan los últimos comentarios, pero sin incluir a Lulu. Ambas estrategias garantizarían que la tarea se cumpliera, pero tendrían un costo. Lulu es una de las personas que más contribuye al equipo de Lars, y él no ve la razón en reducir su compromiso. Además, Lars prometió inicialmente que el informe se elaboraría por consenso y no quiere faltar a su palabra.

En esta situación, Lars podría beneficiarse de reclutar a Lulu de manera informal para terminar con el proyecto.

El que sigue es un posible guion.

«Lulu, me han dicho desde arriba que necesitan el informe para la reunión de estrategia de mañana por la mañana. Hay algunas cosas que podrían mejorarse, así que voy a pediros *feedback*, pero necesitamos que esté terminado para entonces. Has aportado mucho, así que esperaba que pudieras darme tu opinión sobre cómo hacer esto de forma colaborativa. No puedo prometerte que pondré en práctica todas tus sugerencias, pero me gustaría oírlas. Necesito tu ayuda».

¿Cuál es la ventaja de esta petición? Lars habrá expresado de forma convincente lo mucho que valora las contribuciones de Lulu y quizás logre aliviar un poco la tensión que se ha creado en su relación. Al reclutarla como aliada tanto en la mejora como en la finalización del informe, Lars habrá logrado que Lulu tenga un mayor interés en el producto final, lo que aumentará la probabilidad de que lo defienda, incluso frente a los clientes si fuera necesario. Y habrá sido fiel a su palabra sobre su compromiso con un estilo de trabajo colaborativo en circunstancias complicadas, lo que lo ayudará a crecer como líder.

UNA NOTA SOBRE LA CONFIANZA

Nos elevamos juntos cuando ayudamos a los demás a elevarse, y ellos a su vez nos ayudan a nosotros, así que practicar el reclutamiento informal con tanta frecuencia como nos sea posible es una buena política. No es necesario que conozcamos demasiado a la otra persona. De hecho, el reclutamiento informal es un medio muy poderoso para conocer mejor a alguien.

Y si bien la confianza siempre es un factor positivo, no es necesario confiar por completo en la persona a la que recurramos. Después de todo, no nos estamos mostrando totalmente vulnerables. Lo único que hacemos es ser honestos sobre lo que intentamos lograr e invitar al otro a ser parte del proceso. Nuestro riesgo es mínimo, por más que no lo parezca si no estamos acostumbrados a hacer ese tipo de peticiones.

Desde luego, el resultado no es siempre el que queremos o esperamos. A veces no recibimos el apoyo que pedimos. A veces la persona con la que hablamos no tiene ningún interés en construir la clase de ciclo virtuoso de relaciones y generosidad que este proceso conlleva en los mejores casos.

Pero no pasa nada. No podemos controlar las respuestas de los demás. No hay necesidad de juzgar a alguien porque nuestra petición no fue correspondida, ni tampoco de criticar su respuesta o dar a esa persona por perdida. Lo importante es que nosotros lo intentemos. Y el mero hecho de practicar esta habilidad hace que nos resulte más fácil ponerla en práctica, a la vez que transmitimos un mensaje de confianza y apoyo.

12

CULTIVAR EL PODER DEL «NOSOTROS»

Nos elevamos juntos cuando entendemos la verdadera naturaleza del poder

Practicar conductas inclusivas y usar el reclutamiento informal expande nuestra capacidad de construir nuevas relaciones y a la vez fortifica y extiende las relaciones que ya tenemos. Eso lo logramos al hablar con honestidad, demostrar vulnerabilidad sin exagerar y ser directos. De esta manera aumentamos nuestro poder personal sin importar nuestra posición y potenciamos a cualquier persona que se alíe con nosotros. Así es como propagamos el poder al mismo tiempo que lo construimos.

Esto es lo que siempre debemos tener presente: a medida que nos volvamos más poderosos, quienes estén en nuestros equipos y en nuestros círculos de contactos también se beneficiarán. Nuestros clientes se beneficiarán, y nuestras organizaciones también. En el poder encontramos una gran reciprocidad, excepto en aquellos que lo acaparan o lo usan para socavar e impedir que los demás participen. Pero la carrera profesional (por no hablar de la vida) de esa clase de gente pocas veces es satisfactoria o sostenible: siempre tienen que estar cuidándose las espaldas y la base de apoyo a la que necesitan recurrir disminuye a cada paso que dan.

Las personas que creen que el poder es una mercancía de suma cero terminan en ese cero, quizás no necesariamente en términos materiales, pero sí en términos espirituales; aislados y sin ningún tipo de

apoyo, o rodeados de aliados puramente transaccionales o adulado-
res en los que no pueden confiar del todo. Y como erosionan el poder de quienes están a su alrededor, terminan debilitando la iniciativa
que dicen liderar.

Por el contrario, quienes reconocen que el poder es cuestión de dar
y recibir, y actúan en consecuencia, crean culturas que se fortalecen
con el tiempo en lugar de debilitarse. Al hacer posible el aprovecha-
miento de las contribuciones, el conocimiento y las conexiones de las
personas de todos los niveles, el valor de sus organizaciones y todas
sus asociaciones tiende a crecer.

Este cultivo y difusión recíprocos del poder, esta noción dinámica
del «nosotros», es lo que nos permite mejorar nuestro entorno.

CUATRO TIPOS DE PODER

La mejor lección que aprendí sobre el poder vino de la mano de Ted
Jenkins, un ingeniero que fue de los primeros en ser contratados en
Intel, la legendaria empresa de semiconductores que jugó un papel
clave en el desarrollo de Silicon Valley. Cuando lo entrevisté para
The Web of Inclusion (*La red de la inclusión*) en 1994, las personas
de la empresa describían a Ted como el guardián de la cultura, la
mano experimentada que entendía las dinámicas internas que habían
convertido a Intel en un gigante. Sus comentarios no solo me ayuda-
ron a moldear mis ideas en *The Web of Inclusion*, sino que desde
entonces han continuado influyendo en mi manera de entender el
poder no posicional[1].

Con poder no posicional me refiero al poder que no está estrictamente vinculado con la posición que uno ocupa dentro de la organización.

La pregunta que le hice en ese momento a Ted era simple: ¿cómo
había hecho Intel para ser tan hábil a la hora de conseguir ideas estratégicas e innovadoras de personas de todos los niveles, de todas
las unidades y divisiones? La capacidad de hacerlo, sobre todo durante la reorientación de *Intel Inside*, cuando la empresa redefinió

por completo tanto su posición en el mercado como su clientela, consiguió borrar hasta un punto sorprendente la división que existía en esa industria y en esa era entre las cabezas y las manos: las personas cuyo trabajo era originar ideas y las personas cuyo trabajo era ponerlas en práctica.

Esta manera de integrar el pensar y el hacer, la estrategia y la ejecución, aumentó la capacidad que tenía la empresa de aprovechar el asombroso talento con el que contaba al tener en cuenta las ideas de quienes estaban en contacto directo con clientes y proveedores. La creación de las condiciones propicias para este tipo de participación permitió a la empresa obtener ideas estratégicas de un amplio espectro de sectores.

Ted explicó que, tradicionalmente, la fortaleza de Intel residía en permitir que los recursos fluyeran hacia donde fuera que hubiera un problema o un desafío que necesitara solución. Según él, en muchas empresas «esto no ocurre. Creo que es porque, en la mayoría de las organizaciones, los recursos tienden a acumularse: permanecen donde sea que alguien tenga una posición de poder. Entonces terminamos con un par de personas poderosas que tienen más recursos de los que necesitan o incluso de los que podrían usar, mientras que el resto tiene que conformarse con menos. Es estático, irracional e ineficiente».

Ted señaló que las organizaciones suelen estructurarse de manera tal que se valide y se exalte el poder posicional. «Se da por hecho que la persona que está en la cúspide de la pirámide tiene, o debería tener, el poder. Pero la posición es una forma rudimentaria de asignar y medir poder porque no tiene en cuenta las diversas maneras en las que este realmente opera dentro de una organización compleja».

Todos entendemos esto porque todos reconocemos que cada organización tiene lo que podríamos decir que son dos organigramas: el formal, que muestra qué lugar ocupa cada empleado en la jerarquía o la matriz; y el informal, que muestra los caminos y los hilos que permiten que las personas compartan información y completen tareas. Sin embargo, a pesar de reconocer esto, las empresas suelen preferir operar como si el poder posicional fuera lo único que importa.

Por el contrario, indicó Ted, Intel tenía un historial de reconocer y apoyar de forma explícita tanto el organigrama formal como el informal, lo que permitía que se formaran bases de poder alternativas que hacían que los recursos fluyeran. Luego articuló cuáles son los cuatro tipos de poder que según él existen y moldean todas las organizaciones, y señaló que cada uno de ellos es esencial para conseguir una fuerza sostenible.

Los tipos de poder que citó fueron:

- El poder de la posición.
- El poder de la experiencia.
- El poder de las conexiones.
- El poder de la autoridad personal.

Echémosle un vistazo más de cerca a cada uno de ellos.

EL PODER DE LA POSICIÓN

El poder de la posición está determinado por el título que tienes, la descripción de tu puesto de trabajo, el nivel en el que te encuentras en la empresa, tu lugar en la cadena de mando. Es el lugar que ocupas en el organigrama oficial. Tu poder posicional te ofrece control formal sobre ciertos recursos y el derecho a tomar ciertas decisiones.

Sin embargo, por más que el poder posicional tenga valor y pueda ser considerable, incluso abrumador, no deja de ser extrínseco, ajeno a tus talentos o méritos individuales. No importa cuán exaltada o prestigiosa sea, tu posición nunca dejará de ser un puesto que tú estás cubriendo de manera temporal. Existía antes de que lo ocuparas y seguirá existiendo cuando te hayas ido.

EL PODER DE LA EXPERIENCIA

El poder de la experiencia está en las habilidades y el conocimiento que aportas en tu trabajo y que desarrollas a lo largo del tiempo, ya sea a través de la formación o la práctica diaria. Como estas habilidades habitan en tu cerebro y forman parte de tu cuerpo, son intrínsecas de una manera que el poder posicional jamás podría serlo. Son tu fuente personal de sabiduría incorporada, la sumatoria acumulativa de toda tu experiencia.

El gran pensador japonés sobre gestión Ikujiro Nonaka señala que este tipo de sabiduría se renueva solo de forma innata. Esto es lo que dice: «El conocimiento incorporado se produce y se consume al mismo tiempo. Su valor aumenta con el uso en lugar de agotarse, a diferencia de lo que sucede con los bienes industriales o las mercancías. Por encima de todo, es un recurso creado por seres humanos que actúan en relación con los demás y se nutre de su experiencia»[2].

Incluso si tus habilidades y conocimientos incorporados no se encuentran especificados en la descripción formal de tu empleo, tienen el potencial de beneficiarte a ti y a tu organización. Si eres un desarrollador de juegos con una pasión por las apuestas deportivas, quizás tengas la oportunidad de aplicar lo que hayas aprendido en la página de apuestas de *Caesars Sportsbook* al nuevo producto que tu equipo está creando. Si eres una planificadora de eventos que solía dirigir una empresa de *catering*, es posible que tengas ideas útiles sobre qué tipo de proveedor se adecúa mejor a tu próximo evento. Si eres un gerente de desarrollo de liderazgo que ha practicado improvisación teatral, tal vez tengas algún conocimiento especial sobre el aprendizaje experiencial.

Cuando ofreces lo que sabes, estableces tu potencial para contribuir tanto como puedas de manera que te beneficie a ti y a los que te rodean. Sin embargo, si quienes tienen poder posicional sujetan las riendas con demasiada fuerza, la organización tendrá dificultades para aprovechar tu conocimiento. Cuando ofrezcas lo que sabes sobre apuestas deportivas, quizás te digan que te ciñas a lo que te atañe. O tus observaciones sobre el *catering* podrían ser rechazadas porque lidiar con esos proveedores no es tarea tuya.

Eso puede ser algo desalentador y contrario a tu empoderamiento, pero como la experiencia es intrínseca, es decir, está dentro de ti, tus habilidades siguen siendo una fuente de poder potencial. Siempre y cuando no pierdas confianza en lo que puedes aportar y puedas articular el valor que quieres ofrecer, puedes mejorar la estima que se te tiene. Y puedes inspirar a los demás a aspirar a más.

O también puedes elegir llevarte el talento que has perfeccionado con el tiempo y el dinero de la empresa a otra parte. Aunque siempre es buena idea evaluar o comenzar a construir el apoyo que necesitarás en ese otro sitio antes de lanzarte a ello, tal como lo vimos con la investigación de Boris Groysberg en el capítulo siete.

EL PODER DE LAS CONEXIONES

El poder de las conexiones se nutre de tus relaciones personales. Esto incluye a las personas que conoces y a los contactos con hasta seis grados de separación a quienes puedes recurrir de ser necesario. Cuando una red robusta de conexiones como esa opera en una empresa, los recursos, las ideas y la información pueden fluir en la dirección en la que vayan a ser más útiles.

Establecer conexiones amplias y diversas también es útil para los equipos, porque es más fácil que los miembros aporten habilidades y recursos necesarios de lugares inesperados. Es por este motivo que expandir y fortalecer tu red interna siempre te empoderará a ti, pero también a tu equipo y aliados.

Las conexiones externas también pueden ser muy valiosas. Te ayudan a construir vínculos fuertes en tu comunidad o tu sector, a obtener *feedback* útil de los clientes y desarrollar información sobre tendencias emergentes. Si los usas con criterio, esos contactos, ya sean sostenidos por medios tradicionales o redes sociales, pueden amplificar el impacto de tus contribuciones y ofrecer un verdadero apoyo para tus aliados y tu organización.

Es por todos estos motivos que las conexiones son un componente clave de tu valor. Y, una vez más, esto no deja de ser cierto aunque tu organización no sepa aprovecharlas porque, al igual que el poder de la experiencia, el poder de las conexiones es intrínseco a ti.

EL PODER DE LA AUTORIDAD PERSONAL

El poder de la autoridad personal radica en tu capacidad de inspirar confianza y respeto en las personas con quienes trabajas, sin importar la posición que ocupes. La autoridad personal puede ser, y a menudo lo es, tremendamente desproporcionada con respecto al poder posicional: el empleado de la cadena de suministro que ayuda a identificar un nuevo eslabón de distribución, la empleada administrativa que es los ojos y oídos de uno de los ejecutivos más altos. Tener una autoridad personal fuerte a menudo incentiva a los colegas más sénior a querer saber cuáles son tus observaciones y juicios, lo cual aumenta no solo tu poder, sino también el suyo.

Dado que las personas tienden a compartir sus conocimientos con aquellos en quienes confían, tener una autoridad personal fuerte puede hacer que te conviertas en una mina de oro de información. Tener acceso a información aumenta tu poder, aunque si tu forma de mostrar ese poder es compartir lo que sabes de manera indiscriminada, corres riesgo de perderlo. La indiscreción y el cotilleo pueden destruir tu autoridad personal de la noche a la mañana, así que debes tratarla como un recurso precioso. Se trata de un poder intrínseco, pero solo si continúas siendo un aliado responsable y digno de confianza para quienes te rodean.

* * *

Ted Jenkins también señaló que, en las organizaciones tóxicas, los líderes tienden a ver la distribución general del conocimiento, las conexiones y la autoridad personal como una amenaza a su propio poder posicional, en lugar de como un recurso al que recurrir para hacer que la empresa sea más fuerte. Esa reticencia a fomentar otros tipos de poder resulta en una desmotivación generalizada y una disminución de la capacidad de innovar y crecer. Aunque estas debilidades pueden tardar en manifestarse, los atascos de información y recursos son las consecuencias inmediatas más frecuentes en organizaciones que colocan el poder posicional por encima de todo.

Ted creía que la capacidad de Intel para fomentar el poder no posicional provenía en parte de su estructura matriz que permitía que las personas se movieran mucho dentro de la empresa. Esto ofrecía a todos la oportunidad de establecer conexiones diversas y adquirir distintos tipos de experiencia. También menciona el bajo índice de rotación de empleados como uno de los factores clave. «El poder posicional tiende a predominar cuando las personas no permanecen en la organización durante demasiado tiempo. Cuando los empleados van y vienen constantemente, se pierde capacidad».

POTENCIAL DE INFLUENCIA

Peter Drucker tenía una definición muy útil de poder. Lo describía como «potencial de influencia»[3]. Creía que somos poderosos en tanto que somos capaces de influir en personas y acontecimientos para crear los resultados que consideramos deseables. Si lo miramos a través de esta lente, vemos que el poder no es fuerza, aunque quienes ocupan las posiciones más altas a veces confundan ambos términos.

Desde luego, si controlamos los recursos que se usan para premiar o penalizar a los demás, no solemos tener problemas para convencerlos de que nos sigan. Pero quizás lo hagan a regañadientes, limitando su participación a lo que creen que es absolutamente necesario. Una parte de ellos siempre se resistirá.

Esta verdad refleja el principio de polaridad que observamos en la naturaleza. Al aplicarse una fuerza intensa, el sistema busca recuperar el equilibrio, por lo que se genera una reacción contraria. Como los humanos somos parte del mundo natural, este principio también opera en la sociedad: en las familias, las organizaciones, las comunidades y entre naciones, como nos lo enseña la historia. Al provocar una resistencia, quienes intentan forzar el poder en lugar de hacer uso de él a través de las herramientas más sutiles de la influencia terminan causando caos en el mundo[4].

La definición de Drucker coincide con los cuatro tipos de poder que Ted Jenkins describe. Es posible que no tengamos el poder posicional para tomar una decisión específica. Sin embargo, a través de un uso inteligente de nuestras conexiones, nuestra experiencia y nuestra autoridad personal podemos influir en la dirección a la que se dirige la empresa de la que formamos parte.

Cuando desarrollamos y perfeccionamos nuestro potencial de influencia de manera intencional, también participamos en la formación de la cultura empresarial. Y cada uno de nosotros puede jugar un papel. La cultura de una empresa no es tarea del departamento de recursos humanos, ni del líder. Es nuestra tarea, sin importar el poder posicional que tengamos.

Esto es especialmente cierto si nuestra meta es crear una cultura de pertenencia en la que las personas de todos los niveles prosperen. Es así porque una cultura de pertenencia nunca puede nacer de un mandato que venga de arriba. Por el contrario, para construir este tipo de cultura se necesitan acciones, relaciones y la capacidad de generar confianza en todos los niveles.

Retomemos la definición que dimos en la Introducción.

Una cultura de pertenencia es aquella en la que el mayor porcentaje posible de personas:

- Se sienten, en cierta medida, dueñas de la organización y la ven en términos de «nosotros» en lugar de «ellos».
- Creen que son valoradas tanto por su potencial como por sus contribuciones.
- No perciben que su importancia esté estrictamente ligada a su poder posicional.

LA PRÁCTICA DE LA INFLUENCIA

Los comportamientos inclusivos que describimos en el capítulo diez nos ofrecen una manera de construir y ejercer nuestro poder no posicional. Lo mismo ocurre con la práctica del reclutamiento informal descrita en el capítulo once.

- Al hablar de un «nosotros», ayudamos a los demás a ver más allá del «ellos».
- Al preguntar a los demás en qué creen que son realmente buenos o qué habilidades no tienen oportunidad de poner en práctica, les hacemos saber que valoramos su potencial.
- Al ayudar a los demás a construir y expandir conexiones, experiencia y autoridad personal, mostramos que reconocemos todo lo que son, en lugar de identificarlos solo con su poder posicional.

Y es por eso que recomendamos a los demás. Honramos el dicho «quien no llora no mama». Escuchamos activamente. Invertimos en el éxito del otro.

Y hacemos saber a los demás qué es exactamente lo que estamos intentando hacer, incluso cuando todavía estamos en proceso de hacerlo: «Estoy intentando escuchar más. ¿Cómo te parece que lo estoy haciendo? ¿Tienes alguna recomendación para mí?»

Llevar a cabo este tipo de acciones que trasciendan las barreras de género, raza, sexualidad, nivel y división nos permite erosionar dichas barreras y construir un abanico de alianzas lo más amplio posible. Al expandir nuestras redes para ser más inclusivas, más diversas, más ricas en conocimiento y más robustas, creamos nuevas fuentes de poder para distribuir influencia, propagar el poder y aumentar nuestra propia energía.

Y al demostrar nuestra generosidad con acciones simples, nos alineamos con el poder dinámico de la gracia. Como escribe John Baldoni, la gracia opera más allá de la noción de mérito y otorga beneficios intangibles que no se ganan, pero que pueden ser compartidos y multiplicados [5].

Entender la verdadera naturaleza del poder puede ayudarnos a sentirnos más cómodos con la idea de usarlo porque reconocemos que es una potencial fuerza para el bien. En mi experiencia, las mujeres, incluso cuando ocupan posiciones de poder considerable, suelen verlo como algo negativo. Lo hacen de la misma manera y por el mismo motivo que las pacientes de Anna Fels ven la ambición como algo negativo: han visto cómo es cuando se usa mal. «No me interesa tener poder», me dicen las mujeres. «Solo quiero tener una carrera satisfactoria». Como si el poder y la satisfacción se excluyeran entre sí.

Si bien no es tan frecuente, también oigo a hombres que declaran no tener ningún interés en el poder: «Solo quiero que me dejen en paz para poder hacer mi trabajo». Como si el mero hecho de ser un engranaje en una rueda pudiera causar una gratificación enorme, o sostener una vida llena de significado y propósito.

La capacidad de influir en los acontecimientos de forma positiva es una de las experiencias más satisfactorias al alcance de los seres humanos. Sentirse impotente, por otro lado, no es para nada satisfactorio.

Marshall Goldsmith tiene una muy buena pregunta para quienes insisten en que no tienen ningún interés en el poder, no están dispuestos a buscarlo o están orgullosos de menospreciar a quienes sí les interesa.

Su pregunta es: «¿Crees que el mundo sería un lugar mejor si tú y otras personas como tú tuvieran más poder?».

La mayoría de las personas dirían que sí.

«Entonces, ¿por qué no intentar ser más poderoso? ¿No quieres que el mundo sea un lugar mejor?».

Así que yo cierro con esta pregunta:

¿No quieres que lo sea?

AGRADECIMIENTOS

Mi más profundo agradecimiento a Jim Levine, que durante diez años me alentó —de hecho, me hostigó— para que escribiera este libro. Y a Courtney Paganelli, quien trabaja con Jim y a quien se le ocurrió el título perfecto a la vez que me animaba a actualizar mi marco de referencia.

También quiero dar las gracias a Edward Tivnan, quien me ofreció su asistencia como editor independiente de forma oportuna y profesional cuando más lo necesitaba.

Gracias a mi fabulosa editora Lauren Marino, quien hizo más de lo que nunca hubiera esperado y amplió mi percepción acerca del tema de este libro, y a Mary Ann Naples, quien vio su potencial y me ofreció su ayuda. Sé por experiencia propia lo sólido que es el equipo de Hachette, y estoy deseosa de seguir trabajando con todos vosotros en el futuro.

Un agradecimiento enorme a mi propio equipo: Luke Joerger, Isaac Bush y quienes trabajan en *Hastings Digital Media*, así como a mi hermana Cece Helgesen, cuyo conocimiento de mercadotecnia puso las cosas en marcha. Gracias a mi asistenta Cynthia Gray, que se ocupa de la logística para que yo tenga tiempo de escribir, y a Robert Trevellyan, de cuyas capacidades dependo todos los días.

Gracias a mis colegas de la red *100 Coaches*, sobre todo a quienes entrevisté para este libro: John Baldoni, Michael Canic, Chris Cappy, Bill Carrier, Patricia Gorton, Ruth Gotian, Jeffrey Hull, Terry Jackson, Tom Kolditz, Lindsey Pollak, Diane Ryan, Molly Tschang,

Eddie Turner y Bev Wright. Y a Scott Osman, que hace que la red sea siempre una verdadera fuente de alegría.

Debo agradecer especialmente a Nancy Badore, Tom Peters, Art Kleiner y, desde luego, Marshall Goldsmith por el apoyo brindado a lo largo de toda mi carrera. Y a todos los clientes cuyas historias conforman este libro.

Me siento muy agradecida a mi esposo, Bart Gulley; mi colega *coach* y amiga para toda la vida Elizabeth Bailey; Marilyn Bethany y todo el clan Tivnan/Bethany, que fueron mi familia durante el COVID-19; y a mis hermanos Helgesen que siempre están presentes de un modo u otro.

Por último, le debo muchísimo a mis difuntos queridos amigos y colegas Stanley Crouch y Roosevelt Thomas, cuyas ideas se vuelven más proféticas con cada día que pasa.

NOTAS

La mayoría de las historias y prácticas que comparto en este libro derivan de mi propia experiencia, por lo que no requieren citas bibliográficas. Los libros, artículos y entrevistas con expertos citados, sí.

Introducción

1. Encuesta de Gallup, véase <https://fundacionprolongar.org/wp-content/uploads/2019/07/State-of-the-Global-Workplace_Gallup-Report.pdf>.

2. Para más información sobre el aumento de confianza y solidaridad en el lugar de trabajo, véase mi artículo «The Evolution of Women's Leadership», *Strategy+Business*, 28 de julio de 2020, <https://www.strategy-business.com/article/The-evolution-of-womens-leadership>.

Capítulo uno

1. Véase Marshall Goldsmith, *Triggers: Creating Behavior That Lasts— Becoming the Person You Want to Be* (Nueva York: Crown Business, 2015).

2. Mi conversación con Chris Cappy.

3. Entrevista a Marshall Goldsmith.

Capítulo dos

1. Para más información sobre el aikido como herramienta estratégica, véase mi artículo sobre Richard Strozzi-Heckler, «The Dance of Power», *Strategy+Business*, 28 de noviembre de 2007, <https://www.strategy-business.com/article/07406>.

Véanse también dos de los maravillosos libros de Strozzi:

Holding the Center: Sanctuary in a Time of Confusion (Berkeley: North Atlantic Books, 1997).

In Search of the Warrior Spirit: Teaching Awareness Disciplines to the Green Berets, 4ta edición (Berkeley: Blue Snake Books, 2007).

2. Mi conversación con la coronel Diane Ryan.

3. Sun Tzu es una lectura esencial para cualquiera que quiera abordar su carrera de forma intencional y estratégica. Entre todas las traducciones al inglés, yo prefiero *The Art of War: The Denma Translation* (Boston: Shambhala Classics, 2001). Para más información sobre la idea de «conservar al enemigo intacto», véanse las páginas 65-81 y otras citas.

Los siguientes son dos libros más que considero claves para el desarrollo estratégico de una carrera profesional:

The Tao of Power: Lao Tzu's Classic Guide to Leadership, Influence and Excellence, trad. R. L. Wing (Nueva York: Doubleday, 1986) (esta traducción al inglés es la indicada).

Niccolò Machiavelli, *The Prince*, trad. Tim Parks (Nueva York: Penguin Classics, 2009) (una vez más, esta traducción al inglés hace que este enrevesado clásico sea mucho más claro).

4. Para conocer más sobre el hecho de que los hombres están más dispuestos a hablar en las reuniones, véanse múltiples estudios resumidos en el artículo de Lydia Smith «How Men Dominate in Meetings», *Yahoo News*, 10 de abril de 2019, <https://news.yahoo.com/stark-reality-men-dominate-talking-meetings-113112910.html>.

Para conocer cómo esto se extiende a los espacios de trabajo virtuales, véase, por ejemplo, Alisha Haridasani Gupta, «It's Not Just You: In Online Meetings Women Can't Get a Word In», *New York Times*, 14 de abril de 2020, <https://www.nytimes.com/2020/04/14/us/zoom-meetings-gender.html>.

Capítulo tres

1. Anna Fels, *Necessary Dreams: Ambition in Women's Changing Lives* (Nueva York: Anchor Books, 2004).

2. Para conocer más sobre las constantes percepciones negativas de las mujeres asertivas y ambiciosas, véase Christine L. Exley y Judd B. Kessler, «The Gender Gap in Self-Promotion», *National Bureau of Economic Research*, 2021, <https://www.nber.org/papers/w26345>.

Para conocer más sobre cómo las evaluaciones de rendimiento respaldan estas percepciones, véase Kristen Bahler, «Are Performance Reviews Sexist?

New Research Says Yes», *Money Magazine*, 23 de enero de 2020 <https://money.com/performance-reviews-are-sexist/>.

Un artículo interesante de *Forbes* publicado después de las elecciones de 2016 en los Estados Unidos en las que con frecuencia se describía a Hillary Clinton como «patológicamente ambiciosa»: Liz Elting, «The High Cost of Ambition: Why Women Are Being Held Back for Thinking Big», *Forbes*, 24 de abril de 2017, <https://www.forbes.com/sites/lizelting/2017/04/24/the-high-cost-of-ambition-why-women-are-held-back-for-thinking-big/?sh=2a4d18a31ee6>.

Sobre las mujeres y las emociones, véanse varios ejemplos, como Quentin Fottrel, «"Women Are Judged for Being Emotional"—Yet It's More Acceptable for Men to Get Upset and Angry, Female Executives Say», *Marketwatch*, 29 de noviembre de 2019, <https://www.marketwatch.com/story/serena-williams-got-angry-at-the-us-open-final-and-paid-a-heavy-priceworking-women-say-this-sounds-eerily-familiar-2018-09-1>.

3. Mi conversación con Terry Jackson.

4. Mi conversación con Jeffrey Hull.

5. Stephen Covey, *The Seven Habits of Highly Effective People: Powerful Lessons in Personal Change*, ed. 30º aniversario (Nueva York: Simon & Schuster, 2020).

Capítulo cuatro

1. La historia de Alan Mulally ha aparecido de varias formas en varios libros. Sin embargo, yo la tomé de su seminario de cuatro horas en el Marriott de Scottsdale en marzo de 2018.

2. La historia de Sandy Stosz proviene de su libro *Breaking Ice and Breaking Glass: Leading in Uncharted Waters* (Virginia Beach, VA: Koëhler Books, 2021). También de mis conversaciones con ella.

3. Katty Kay y Claire Shipman, *The Confidence Code: The Science and Art of Self-Assurance—What Women Should Know* (Nueva York: Harper Business, 2014).

4. Tomas Chamorro-Premuzic, *Why Do So Many Incompetent Men Become Leaders? (And How to Fix It)*, (Boston: Harvard Business Review, 2019).

Capítulo cinco

1. El excelente pódcast de Molly Tschang *Say It Skillfully* es una fuente fantástica para quien busque mejorar la fluidez de su comunicación, <https://www.sayitskillfully.com>.

2. Yo misma desarrollé la distinción entre percibir, valorar y extraer conclusiones cuando investigaba para Sally Helgesen y Julie Johnson, *The Female Vision: Women's Real Power at Work* (San Francisco, CA: Berrett-Kohler, 2010).

En el libro, Julie y yo intentamos identificar qué tenía de particular la visión de las mujeres en un intento por definir con mayor claridad su valor estratégico. Descubrimos que la capacidad que tienen las mujeres para lo que llamamos «percibir en amplio espectro» era un elemento fundamental de cómo ellas ven las cosas. Esta observación está desarrollada en su totalidad en las páginas 41-56 de ese libro.

3. Para más información sobre Brooksley Born, véanse las páginas 32-34 de *The Female Vision*. La postura de Born pasó desapercibida en su momento, pero desde entonces ha sido muy mencionada en relación con la crisis financiera de 2008.

4. En cuanto a la percepción de las mujeres como dispersas, la mayoría de los estudios muestran que estas usan más palabras que los hombres. Véase, por ejemplo, Catherine Aponte, «Do Women Really Talk More Than Men?», *Psychology Today* (blog), 10 de octubre de 2019, <https://www. psychologytoday.com/us/blog/marriage-equals/201910/do-women-really-talk-more-men>.

Otros estudios muestran que los hombres usan más palabras. En mi experiencia, esto tiene una explicación muy simple. A mi parecer, los hombres son más propensos a hablar en una amplia variedad de situaciones, por lo general porque tienen una posición más alta dentro del grupo. Si bien las mujeres suelen contenerse, son más propensas a entrar en detalles cuando hablan.

5. Mi conversación con Tom Peters. Véase también su maravilloso *Excellence Now: Extreme Humanism* (Chicago: Networlding, 2021).

6. Mi conversación con Lindsey Pollak.

7. Mi conversación con Bev Wright.

8. Caspian Kang hace un brillante análisis sobre la incomodidad de las categorías en su excelente boletín informativo semanal en el *New York Times*, <https://www.nytimes.com/by/jay-caspian-kang>.

Véase también el siguiente artículo de Caspian Kang sobre cómo esa incomodidad influye en la forma en la que hablamos sobre deportes, en especial del baloncesto: «Ball Don't Lie», *New York Review of Books*, 24 de septiembre de 2020, <https://www.nybooks.com/articles/2020/09/24/nba-basketball-dont-lie/>.

Mis ideas sobre la categorización racial y étnica también se guían por Isabel Wilkerson, *Caste: The Origins of Our Discontents* (Nueva York: Random House, 2020).

9. Bill Wiersma, *The Power of Professionalism: The Seven Mind-Sets That Drive Performance and Build Trust* (Dover, NH: Ravel Media, 2011).

Capítulo seis

1. Marshall Goldsmith, *Triggers: Creating Behavior That Lasts—Becoming the Person You Want to Be* (Nueva York: Crown Business, 2015).

2. Le agradezco a mi colega Patricia Gorton por compartir la historia de Erica y Louis.

3. «Las decisiones las toma [...]», de mi conversación con Peter Drucker en los años previos a su muerte.

4. Mi conversación con Marshall Goldsmith.

5. Los sitios web sobre gestión del talento y recursos humanos ofrecen documentación excelente sobre estos patrones de inequidad; véase, por ejemplo, <https://www.tlnt.com/the-hidden-bias-in-performance-reviews/>

6. Para más detalle y análisis, véase Sally Helgesen, *The Web of Inclusion* (Nueva York: Doubleday Currency, 1995).

7. Mi conversación con el general Tom Kolditz.

Capítulo siete

1. Sobre la primera vez que se usó la imagen de la parra (*grapevine* en inglés) como modelo de comunicación en la Guerra Civil de los Estados Unidos, véase, por ejemplo, <https://www.etymonline.com/word/grapevine>.
   Para conocer más sobre sus orígenes en las redes de esclavos y nativos americanos, véase <https://www.phrases.org.uk/meanings/heard-it-through-the-grapevine.html>.

2. Mi conversación con Bill Carrier.

3. Para conocer más sobre Xerox y el primer ERG, véase, por ejemplo, la siguiente publicación de la serie de resúmenes ejecutivos del Boston College Center for Work and Family: <https://www.bc.edu/content/dam/files/centers/cwf/research/publications3/executivebriefingseries-2/ExecutiveBriefing_EmployeeResourceGroups.pdf>.

4. Para más información sobre la *Olori Sisterhood*, véase Jeffery C. Mays, «How a Brooklyn Sisterhood of Black Women Became National Power Brokers», *New York Times*, 27 de noviembre de 2020, <https://www. nytimes.com/2020/11/27/nyregion/black-women-politics-olori-sisterhood. html>.

5. Mi conversación con Eddie Turner.

6. Véase Boris Groysberg, *Chasing Stars: The Myth of Talent and the Portability of Performance* (Princeton, NJ: Princeton University Press, 2010). En mi opinión, uno de los mejores libros jamás escritos sobre el talento y la cultura de las empresas. Véase en particular su investigación sobre las analistas mujeres en el capítulo 8.

7. Para conocer más sobre los grupos de referencia, véase Marshall Goldsmith y R. Roosevelt Thomas Jr., capítulo 6 de *Human Resources in the 21st Century*, ed. Marc Effron, Robert Gandossy y Marshall Goldsmith (Hoboken, NJ: John Wiley & Sons, 2003), 51.

Capítulo ocho

1. Mi conversación con Tom Peters.

2. Para más información sobre Madeleine Albright, véase, por ejemplo, Mike Snider, «Madeleine Albright: Diplomat Used Brooches, Costume Jewelry Pins to "Deliver a Message"», *USA Today*, 23 de marzo de 2022, <https://www.usatoday.com/story/news/politics/2022/03/23/madeleine-albright-secretary-state-used-brooches-pin-diplomacy/7144400001/>.

3. Para conocer más sobre la iniciación y la apreciación del humor, véase, por ejemplo, Christie Nicolson, «The Humor Gap», *Scientific American*, 10 de octubre 2012, <https://www.scientificamerican.com/article/the-humor-gap-2012-10-23/>.

4. Véase Jennifer Aaker y Naomi Bagdonas, *Humor, Seriously: Why Humor is a Secret Weapon in Business and Life (And Anyone Can Harness It. Even You.)* (Nueva York: Doubleday Currency, 2020).

Las autoras también tienen una charla TED excelente y participaron de un *LinkedIn Live* con Marshall Goldsmith, <https://www.youtube.com/watch?v=Aq21F2DrU9M&t=6s>.

5. Mi conversación con Molly Tschang.

Capítulo nueve

1. Para conocer más sobre la excelente columna de Milbank, véase Dana Milbank, «A #MeToo for Clueless Men», *Washington Post*, 27 de octubre de 2017, <https://www.washingtonpost.com/opinions/a-metoo-for-clueless-men/2017/10/27/8cc06b00-bb52-11e7-a908-a3470754bbb9_story.html>.

2. Hay muchos artículos sobre el caso de Zucker. Véase, por ejemplo, Emily Steel *et al.*, «Jeff Zucker's Downfall at CNN: Ethical Lapses and Falling Ratings», *New York Times*, 15 de febrero 2022, <https://www.nytimes.com/2022/02/15/business/jeff-zucker-cnn.html>.

3. Para saber más sobre el fenómeno de los empleados que no informan sobre relaciones o casos de acoso, véase *Namely*, «The Importance of Anonymous Reporting in the Workplace», 18 de agosto de 2021, <https://blog.namely.com/anonymous-reporting-workplace>.

4. Véase Elizabeth Spiers, «My Workplace Romance Was a Brilliant Mistake», *New York Times*, 12 de febrero de 2022, <https://www.nytimes.com/2022/02/12/opinion/culture/jeff-zucker-workplace-romance.html>.

5. Véase el ensayo de Didion «On Self-Respect» en *Slouching Toward Bethlehem* (Nueva York: FSG Classics, 2008); el ensayo es originalmente de 1968.

6. Para más información sobre los romances de oficina, véase Amy Gallo, «How to Approach an Office Romance and How Not To», *Harvard Business Review*, 14 de febrero de 2019, <https://hbr.org/2019/02/how-to-approach-an-office-romance-and-how-not-to>.

Capítulo diez

1. Pamela Newkirk, *Diversity, Inc: The Failed Promise of a Billion Dollar Business* (Nueva York: Bold Type Books, 2019). Este libro bien documentado y argumentado debería ser más influyente de lo que es.

2. Lo de que Peter Drucker fuera el último en hablar lo vi demostrado en múltiples ocasiones. Véase también Peter Drucker, *The Effective Executive: The Definitive Guide to Getting the Right Things Done* (Nueva York: Harper Business Essentials, 2006).

3. Sobre la influencia del modelo de fabricación integral japonés, véase, por ejemplo, Maryann Keller, *Rude Awakening: The Rise Fall and Struggle for Recovery of General Motors* (Nueva York: William Morrow, 1989).

4. Para saber más sobre la falta de liderazgo de los directivos ante los niveles más bajos en materia de inclusión, véase «If CEOs Want to Promote Diversity,

They Have to"Walk the Talk"», *The Conversation*, 30 de noviembre de 2021, <https://theconversation.com/if-ceos-want-to-promote-diversity-they-have-to-walk-the-talk-172275>.

5. Para saber más sobre mi estudio sobre el estilo de liderazgo de Frances Hesselbein, véase Sally Helgesen, *The Female Advantage, Women's Ways of Leadership* (Nueva York: Doubleday Currency, 1990); y Frances Hesselbein, «Merit Badge in Leadership», *Strategy+Business*, septiembre de 2015, <https://www.strategy-business.com/article/00332>.

6. John Baldoni, *Grace: A Leader's Guide to a Better Us* (Pensacola, FL: Indigo River, 2019).

7. Los distintos libros de Chester Elton y Adrian Gostick son muy inspiradores y están repletos de consejos prácticos, véase, por ejemplo, *Leading with Gratitude: Eight Leadership Practices for Extraordinary Results* (Nueva York: Harper Collins, 2020).

8. Mi conversación con Ruth Gotian.

9. Mi conversación con Tom Peters.

10. Mi conversación con Mike Kaufmann.

Capítulo once

1. Como ya se señaló, Marshall Goldmsith ha enseñado alguna versión de *Feedforward* en muchos de los programas de liderazgo que ha impartido durante los últimos veinte años. Yo ahondé en los fundamentos de su trabajo para desarrollar la práctica del reclutamiento informal, que he perfeccionado a lo largo de cientos de charlas y seminarios.

2. El *coaching* entre pares, sobre todo el *coaching* situacional entre pares, es una práctica que uso en muchas ocasiones, como moderadora y como *coach*.

Capítulo doce

1. Las ideas que Ted Jenkins tiene sobre el poder no posicional se presentan y exploran en el capítulo «Intel Inside» de mi libro *The Web of Inclusion* (Nueva York: Doubleday Currency, 1995).

2. Para conocer más sobre Nonaka, véase el perfil que he escrito sobre él en «The Practical Wisdom of Ikujiro Nonaka», *Strategy+Business*, 25 de noviembre de 2008, <https://sallyhelgesen.com/2008/11/the-practical-wisdom-of-ikujiro-nonaka-2/>.

3. No encontré una cita sobre Drucker y el potencial de influencia, pero Marshall Goldsmith, quien pasó mucho tiempo con Drucker y trabajó con él, le atribuye el haber hablado del concepto en varias ocasiones.

4. Para más información sobre el principio de polaridad y cómo influye en el poder, véase *The Tao of Power: Lao Tzu's Classic Guide to Leadership, Influence and Excellence*, trad. R. L. Wing (Nueva York: Doubleday, 1986).

5. John Baldoni, *Grace: A Leader's Guide to a Better Us* (Pensacola, FL: Indigo River, 2019).